Kohlhammer

Soziale Arbeit – kompakt & direkt

Herausgegeben von Rudolf Bieker und Heike Niemeyer

Eine Übersicht aller lieferbaren und im Buchhandel angekündigten Bände der Reihe finden Sie unter:

 https://shop.kohlhammer.de/soziale-arbeit-kompakt-direkt

Die Autorin

Sylvia Wagenaar ist Beraterin in der Zentralen Studien- und Karriereberatung der Universität Oldenburg, freiberufliche Supervisorin (DGSv) und Organisationsberaterin. Von 2017 bis 2022 war sie wissenschaftliche Mitarbeiterin an der Hochschule Hannover, Forschung im Feld der Beratungswissenschaft, Lehrtätigkeit zu Seelsorge und Beratung. 2013 schloss sie ihren M.A. in Mehrdimensionaler Organisationsberatung an der Universität Kassel mit einer Masterthesis zu Intervision/Kollegialer Beratung ab.

Sylvia Wagenaar

Kollegiale Beratung in der Sozialen Arbeit

Verlag W. Kohlhammer

Dieses Werk einschließlich aller seiner Teile ist urheberrechtlich geschützt. Jede Verwendung außerhalb der engen Grenzen des Urheberrechts ist ohne Zustimmung des Verlags unzulässig und strafbar. Das gilt insbesondere für Vervielfältigungen, Übersetzungen, Mikroverfilmungen und für die Einspeicherung und Verarbeitung in elektronischen Systemen.

Die Wiedergabe von Warenbezeichnungen, Handelsnamen und sonstigen Kennzeichen in diesem Buch berechtigt nicht zu der Annahme, dass diese von jedermann frei benutzt werden dürfen. Vielmehr kann es sich auch dann um eingetragene Warenzeichen oder sonstige geschützte Kennzeichen handeln, wenn sie nicht eigens als solche gekennzeichnet sind.

Es konnten nicht alle Rechtsinhaber von Abbildungen ermittelt werden. Sollte dem Verlag gegenüber der Nachweis der Rechtsinhaberschaft geführt werden, wird das branchenübliche Honorar nachträglich gezahlt.

Dieses Werk enthält Hinweise/Links zu externen Websites Dritter, auf deren Inhalt der Verlag keinen Einfluss hat und die der Haftung der jeweiligen Seitenanbieter oder -betreiber unterliegen. Zum Zeitpunkt der Verlinkung wurden die externen Websites auf mögliche Rechtsverstöße überprüft und dabei keine Rechtsverletzung festgestellt. Ohne konkrete Hinweise auf eine solche Rechtsverletzung ist eine permanente inhaltliche Kontrolle der verlinkten Seiten nicht zumutbar. Sollten jedoch Rechtsverletzungen bekannt werden, werden die betroffenen externen Links soweit möglich unverzüglich entfernt.

1. Auflage 2024

Alle Rechte vorbehalten
© W. Kohlhammer GmbH, Stuttgart
Gesamtherstellung: W. Kohlhammer GmbH, Stuttgart

Print:
ISBN 978-3-17-042182-0

E-Book-Formate:
pdf: ISBN 978-3-17-042183-7
epub: ISBN 978-3-17-042184-4

Vorwort der Reihenherausgeber*innen

Ergänzend zu klassischen Lehrbüchern geht es in der neuen Reihe »Soziale Arbeit – *kompakt & direkt*« um die vertiefende Bearbeitung spezieller Themen- und Fragestellungen aus der Sozialen Arbeit und ihren Bezugsdisziplinen, z. B. theoretische Konzepte, spezifische Methoden, Arbeitsfelder oder soziale Probleme. *Kompakt und direkt* heißt die neue Reihe, weil sie in der Präsentation der Inhalte auf das konzentriert ist, was Lernende über das ausgewählte Thema wissen und für Studienleistungen und Prüfungen zielgenau aufbereiten können sollten.

Zielgruppen der Reihe sind jedoch nicht nur Studierende im Bachelor- oder Masterstudium, sondern auch Berufseinsteiger*innen und Praktiker*innen, die autodidaktisch oder in Fortbildungen Anschluss an den aktuellen wissenschaftlichen Diskurs halten wollen.

Der fokussierte Zuschnitt der Bände spiegelt sich in einem innovativen Buchformat, das Leser*innen Überschaubarkeit im Umfang und eine gut strukturierte Textpräsentation bietet. Zentrale Sachverhalte werden anhand von Praxisbeispielen und Abbildungen veranschaulicht. Didaktische Elemente wie Begriffserläuterungen, Textcontainer, Reminder, Essentials, kurze Zusammenfassungen, Piktogramme etc. erleichtern das Erfassen, Speichern und Wiederaufrufen der Inhalte.

Die Autor*innen der Bände sind durch ihre wissenschaftliche Expertise ausgewiesen, schreiberfahren und stehen in der Regel mit Studierenden und Praxisfeldern in engem Kontakt.

Rudolf Bieker und Heike Niemeyer, Köln

Zu diesem Buch

In der Sozialen Arbeit ist die Reflexion des beruflichen Handelns zentral. Es gilt ständig, Spannungsfelder wie das von Hilfe und Kontrolle auszubalancieren oder die Beziehungsdynamiken, die zwischen den am Fall beteiligten Systemen und Personen wirken, zu reflektieren. Um diese Qualität der Arbeit gewährleisten zu können, ist eine hoch professionelle Reflexion sozialpädagogischen und sozialarbeiterischen Handelns notwendig. Formate arbeitsbezogener Beratung in Form von Supervision und Kollegialer Beratung, die eine solche Reflexion gewährleisten, gehören daher in vielen Handlungsfeldern Sozialer Arbeit mittlerweile zum Qualitätsstandard. Kollegiale Beratung erfreut sich, seit ihrer Entstehung in den 1970er Jahren, einer wachsenden Aufmerksamkeit. Für die Soziale Arbeit gehört sie mittlerweile »zum verbreiteten Standardrepertoire der ›professionsbezogenen‹ Methoden« (Steffan 2013, 459). Auch in Wissenschaft und Forschung findet sie Beachtung, wie die gestiegene Anzahl an Forschungsarbeiten im Feld zeigt. Verglichen mit Supervision ist diese Aufmerksamkeit dennoch erschreckend gering. Eine Einführung in Kollegiale Beratung ist bisher vor allem durch sogenannte Praxisbücher möglich. Während es für Supervision und Coaching zahlreiche wissenschaftliche Lehrbücher gibt, lässt ein solches für die Kollegiale Beratung bis heute auf sich warten. Da eines der entscheidenden Merkmale Kollegialer Beratung die fehlende Leitung in Form einer*eines externen Expert*in darstellt und das Format dennoch (oder gerade deswegen) den Anspruch hat, Reflexion beruflichen Handelns für Professionelle zu gewährleisten, kann eine (sozial-)wissenschaftlich fundierte Einführung zur Qualitätssicherung in der Sozialen Arbeit beitragen.

Umso schöner, dass die Verleger*innen der Reihe »Soziale Arbeit – kompakt & direkt« diesem Thema mit diesem Buch einen eignen Platz widmen! Das Buch bietet Studierenden und Fachpersonen eine kompakte, aber wissenschaftlich fundierte Einführung zu den Fragen: Was ist Kollegiale Beratung? Warum und wozu Kollegiale Beratung? Wie läuft sie ab? Wie arbeitet sie? Worauf gründet sie sich? Diese Einführung soll zu Klarheit und Struktur beitragen, sodass der verwirrenden Vielfalt an Praxisbüchern und existierenden Ablaufschemata konstruktiver begegnet werden kann und die Qualität der Durchführung, vor allem bezogen auf den kritisch-reflexiven Charakter von Beratung, weiter erhöht wird. Das wird in diesem Werk unter anderem dadurch gewährleistet, dass dem Format konsequent eine fallverstehende Funktion zugewiesen wird. Das heißt, Kollegiale Beratung wird hier stets als Instrument gesehen, das ein tieferes Verständnis der Komplexität des jeweiligen Falles ermöglicht. Auch relevante Wissensbestände zur Abgrenzung zu anderen Formaten wie Supervision und Coaching werden kompakt dargestellt, sodass Ideen entstehen können, welches der Formate wann und in welcher Kombination eingesetzt werden kann. Da Beratung in der Sozialen Arbeit zunehmend auch in digitalen Settings durchgeführt wird, beleuchtet das letzte Kapitel die Frage, ob und wie Kollegiale Beratung online durchgeführt werden kann und wie sich Beratung in Präsenz in diesem speziellen Format von digitaler Beratung unterscheidet.

Sylvia Wagenaar, Aurich im März 2024

Inhalt

Vorwort der Reihenherausgeber*innen 5

Zu diesem Buch 6

1 **Was ist Kollegiale Beratung?** **11**
   1.1 Begriff der Kollegialen Beratung 11
   1.2 Merkmale Kollegialer Beratung 13

2 **Warum und wozu Kollegiale Beratung?** **20**
   2.1 Allgemeine Ziele 20
   2.2 Kollegiale Beratung als Instrument für Fallverstehen in der Sozialen Arbeit 24
   2.3 Kollegiale Beratung in der Aus- und Weiterbildung 28
   2.4 Kollegiale Beratung als Maßnahme der Personalentwicklung 29

3 **Wie läuft Kollegiale Beratung ab?** **32**

4 **Wie arbeitet Kollegiale Beratung?** **39**
   4.1 Fallberatung und ihre zwei Funktionen als Zentrum Kollegialer Beratung 39
   4.2 Wie subjektive Interpretations- und Deutungsmuster dem Verstehen zugänglich gemacht werden 44
   4.3 Ablaufschema als Garant der beiden Funktionen von Fallarbeit 46

5	**Worauf gründet sich Kollegiale Beratung?**	**51**
5.1	Übertragung bereits vorhandener Therapie- und Beratungsansätze auf Kollegiale Beratung	52
5.2	Das Forschungsprogramm Subjektive Theorie	57
5.3	Lerntheorien	58
6	**Wie steht Kollegiale Beratung zu den benachbarten Formaten Supervision und Coaching?**	**63**
6.1	Kollegiale Beratung und Supervision	63
6.2	Kollegiale Beratung und Coaching	73
7	**Wie funktioniert Kollegiale Beratung online?**	**87**
7.1	Kollegiale Beratung in digitalen Settings	87
7.2	Kollegiale Beratung als textbasierte asynchrone Form	91

Literaturverzeichnis **103**

1 Was ist Kollegiale Beratung?

> **☞ Überblick**
>
> In diesem Kapitel erfahren Sie einführend, was unter dem Begriff Kollegiale Beratung zu verstehen ist. Anhand einer Definition werden wichtige Kernmerkmale Kollegialer Beratung näher beschrieben.

1.1 Begriff der Kollegialen Beratung

Im beruflichen Alltag kommt es immer wieder zu Situationen, in denen man sich fragt, wie man die berufliche Rolle in einer schwierigen oder komplexen Situation professionell ausfüllen kann. Das können zum einen Momente sein, in denen Professionelle mit dem Ergebnis des eigenen Agierens unzufrieden sind. Zum anderen kann es sich um Situationen handeln, in denen sie unsicher sind, wie ein der beruflichen Rolle angemessenes Handeln aussehen könnte. Für die Soziale Arbeit kommt noch hinzu, dass die Professionellen in ihrem Handeln die Aufgabe haben, die sich teilweise widersprechenden Erwartungen der Adressat*innen auf der einen, der eigenen Profession auf der anderen und der Gesellschaft/des Staates/der Organisation auf der dritten Seite in einer guten Balance zu halten (vgl. Staub-Bernasconi 2019, 83 ff.). Kolleg*innen aus der eigenen Einrichtung, demselben oder einem ähnlichen Arbeitsfeld bzw. mit derselben fachlichen Qualifikation zu nutzen, um solche Situationen gemeinsam zu reflektieren und sich gegenseitig qualifiziert zu beraten, ist der Grundgedanke der Kollegialen Beratung. Diese Reflexion und Beratung unter Kolleg*innen ist allerdings von einer Tür-und-Angel-Beratung (vgl. Hollstein-Brinkmann & Knab 2016) unter Kolleg*innen oder von einer dyadischen Beratung abzugrenzen.

Tür-und-Angel-Beratung

nennt man Beratungen, die in offenen, uneindeutigen Settings oder Übergangssituationen stattfinden. Bezogen auf Kollegiale Beratung sind damit Situationen gemeint, in denen sich z. b. eine Fachkraft in der Teeküche von einer anderen Fachkraft beraten lässt, ob ihre Ideen, wie sie mit einer schwierigen Familie weiter verfahren will, gut sind.

Dyadische Beratung

Das Wort Dyade steht in der Soziologie für eine intensive Zweierbeziehung. Dyadische Beratung meint also die Beratung zu zweit, in der eine Person von einer anderen beraten wird. Eine Einzelsupervision stellt z. B. ein dyadisches Setting dar.

In der deutschsprachigen Literatur finden sich für Kollegiale Beratung auf der einen Seite viele verschiedene, zum Teil synonym verwendete Begriffe wie kollegiale Supervision, kollegiale Praxisberatung, kollegiale Fallbesprechung oder Intervision (vgl. Lippmann 2013, 10 ff., Schlee 2008, 22), die für sehr ähnliche Konzepte stehen und bestimmte gemeinsame Merkmale aufweisen. Auf der anderen Seite wird der Begriff Kollegiale Beratung für Konzepte mit sehr unterschiedlichen Intentionen verwendet. Die begriffliche Vielfalt ist entstanden, weil aus der Praxis heraus verschiedene Modelle entwickelt wurden, ohne dass eine grundlegende, die verschiedenen Modelle verbindende Konzeption oder Systematik erarbeitet wurde (vgl. Tietze 2010, 24).

Tietzes Forschung zu Kollegialer Beratung leistete 2010 einen längst überfälligen Beitrag, um das Format eindeutig bestimmen und von anderen abgrenzen zu können. Er formuliert eine Definition, die im Wesentlichen mit der einschlägigen deutsch- und englischsprachigen Literatur zur Kollegialen Beratung übereinstimmt:

Definition

»Kollegiale Beratung beschreibt ein Format personenorientierter Beratung, bei dem im Gruppenmodus wechselseitig berufsbezogene Fälle der Teilnehmenden systematisch und ergebnisorientiert reflektiert werden« (Tietze 2010, 24).

1.2 Merkmale Kollegialer Beratung

Die Definition von Tietze entsteht auf der Grundlage von vier definitorischen Kernmerkmalen, die er für das Format der Kollegialen Beratung herausarbeitet.

Ein wesentliches Merkmal ist, dass die Teilnehmenden (1) *berufsbezogene Fälle* einbringen. Fälle stellen berufliche Ausnahmesituationen dar. Diese entstehen z. B., wenn in der Interaktion mit Adressat*innen, Kolleg*innen, Mitarbeiter*innen oder Vorgesetzen das eigene Handeln zu deutlich anderen Ergebnissen führt bzw. das Gegenüber auf dieses Handeln deutlich anders reagiert, als die Fachkraft es erwartet hat. Sprich, wenn sich ihr nicht erschließt, wieso sich der Verlauf der Interaktion auf diese, für sie selbst unerwartete Weise entwickelt hat. Das führt häufig dazu, dass die Interaktion bei den Professionellen psychisch nachwirkt, z. B. in Form von kreisenden Gedanken um die erlebte Szene (vgl. Tietze 2010, 26, 67). Die erlebte Situation wird dann in die Beratung eingebracht und dort bearbeitet. Wie in der Supervision liegt der thematische Fokus auch hier auf der Rolle der ratsuchenden Person als Angehörige einer Organisation und ihrem beruflichen Agieren in dieser Rolle. Den Fokus der Beratung bildet eine anwesende einzelne Person mit einem konkreten Anliegen aus ihrem beruflichen Kontext. Es geht also nicht um Beratungen von Teams oder

1 Was ist Kollegiale Beratung?

Organisationen und auch nicht um ein allgemeines Arbeitsthema oder ein außerorganisationales, privates Problem.

Praxisbeispiel

Frau XY leitet als Sozialpädagogin die Kindertagesstätte der Matthäuskirchengemeinde in Stadt B. Sie findet es wichtig, dass in einer kirchlichen Kita auch religionspädagogische Angebote durchgeführt werden. Sie bittet die Mitarbeitenden, sich für ihre Gruppen kleine religionspädagogische Projekte auszudenken. Immer wenn sie nachfragt, ob denn schon Ideen entwickelt wurden, bekommt sie von den Mitarbeitenden ausweichende Antworten. Sie wüssten nicht genau, wie sie das machen sollten, hätten keine Idee. Auch wenn Frau XY dann ein paar Anstöße für Ideen gibt und ein paar Wochen später wieder nachfragt, ist in Sachen Projektentwicklung weiterhin nichts passiert. Sie weiß nicht, was sie noch machen soll, damit die Mitarbeitenden endlich den Auftrag umsetzen und mit den Kindern religionspädagogisch arbeiten. Sie ist Mitglied einer Kollegialen Beratungsgruppe und bringt den Fall dort ein. Durch die Beratung wird deutlich, dass es bei den Mitarbeitenden womöglich nicht um Unlust oder Arbeitsverweigerung geht, wie sie vermutet hat, sondern dass Unsicherheit im Umgang mit dem Thema Glaube und Religion und mit den Fragen der Kinder eine Rolle spielen könnten. Frau XY hat nun einen völlig neuen Zugang zu dem Problem und entwickelt schnell Ideen, wie sie weiter vorgehen will.

Ein weiteres Merkmal stellt der (2) *Gruppenmodus* dar. Kollegiale Beratung findet also immer mit mindestens drei Teilnehmenden statt und grenzt sich damit zu dyadischen Beratungssettings ab. Die Gruppengröße variiert in der Literatur und weist eine Spannbreite von drei bis zwölf Teilnehmenden auf. Da es in der Kollegialen Beratung darum geht, möglichst vielfältige Perspektiven auf das eingebrachte Problem zu entwickeln, steigt die Produktivität mit der Anzahl der Teilnehmenden. Mit steigender Gruppengröße verringert sich aber gleichzeitig sowohl die Möglichkeit der Falleinbringung als auch der Beteiligung an der Gruppeninteraktion für jede*n Einzelne*n. Die Frage nach der Anzahl der Teilnehmenden ist demnach durchaus relevant, weil sie eine Wirkung auf den Beratungs- und

1.2 Merkmale Kollegialer Beratung

Gruppenprozess entfaltet. Bei Überlegungen zur Zusammensetzung einer Gruppe gibt es noch viele weitere Faktoren, die eine Rolle spielen können. Für die Kollegiale Beratung sind hier vor allem die beiden Dimensionen der Arbeitsfähigkeit in sozialer Hinsicht und der Attraktivität für die einzelnen Mitglieder relevant. Diese beiden Dimensionen können wechselseitig positiven Einfluss aufeinander nehmen. So ist die Sympathie und das Vertrauen gegenüber den anderen Gruppenmitgliedern elementar, um sich im Rahmen der eigenen Falleinbringung für eine intensive Reflexion der eigenen Denk- und Handlungsmuster öffnen zu können. Die beiden Dimensionen können sich aber auch negativ beeinflussen. So ermöglicht die Heterogenität einer Gruppe vielfältige Perspektiven, kann aber für einzelne Mitglieder weniger attraktiv sein (vgl. ebd., 88 f.).

> **Praxistipp**
>
> Bei der Zusammensetzung der Teilnehmenden kommt es darauf an, möglichen Einschränkungen der Arbeitsfähigkeit einer Gruppe vorzugreifen und gleichzeitig der Attraktivität einer Konstellation ein erhebliches Gewicht beizumessen. Die Gruppe sollte für die Arbeitsfähigkeit so heterogen zusammengesetzt sein, dass tatsächlich vielfältige Perspektiven entstehen. In einer Gruppe aus Kita-Leitungen könnte das z. B. gewährleistet werden, wenn die Leitungen unterschiedliche berufliche Qualifikationen mitbringen, die einen in der Stadt und die anderen auf dem Land arbeiten, die einen konservativ und die anderen liberal eingestellt sind. Gleichzeitig ist für die Attraktivität darauf zu achten, dass die Personen in ihrer Unterschiedlichkeit noch ein Interesse aneinander und an den Perspektiven der jeweils anderen haben können.

Das Einbringen berufsbezogener Fälle in eine Gruppe weist eine hohe Nähe zur Fallsupervision auf (▶ Kap. 3).

Mit dem nächsten Kernmerkmal, dem der (3) *Wechselseitigkeit*, entsteht allerdings eine eindeutige Abgrenzung zu dieser Form arbeitsbezogener Beratung. Jede*r Teilnehmende kann falleinbringend oder beratend sein. Die Mitglieder sind somit gleichrangig, auch wenn sie sich von ihrer Qualifikation, ihrer beruflichen Funktion oder ihrem Gehalt her unter-

1 Was ist Kollegiale Beratung?

scheiden (vgl. Fengler, Sauer & Stawicki 2000, 173). Eine ratsuchende ist gegenüber einer ratgebenden Person bedürftig, sodass zwischen beiden eine Asymmetrie entsteht. Diese wechselt bei dem Format der Kollegialen Beratung fallweise ab, im Gegensatz zur Supervision, die eine feste Rollenverteilungen vorsieht (vgl. Tietze 2010, 27). Damit wird die Möglichkeit gegeben, ein stärkeres und gleichberechtigtes Engagement im Beratungsprozess zu erleben.

»In der Peer-Supervision steht die funktionale Autorität jedes Einzelnen in jeder Sitzung neu auf dem Prüfstand. [...] Wer mit der Arbeit der Peer-Supervision nicht zufrieden ist, kann dies keiner anderen Person anlasten. Er hat die Möglichkeit, die Arbeitsintensität der Gruppe zu erhöhen, oder er kann sie verlassen« (Fengler, Sauer & Stawicki 2000, 174).

Dementsprechend gibt es auch keine Person, die ihre erbrachte Leistung in Rechnung stellen kann. Die Abwesenheit einer Expert*innenautorität kann helfen, Themen freier und offener anzusprechen. Die Leitungslosigkeit bringt aber auch Gefahren mit sich. Eine davon ist das Herausbilden einer informellen Leitung. Wenn ein einzelnes Gruppenmitglied Gespräche aktiv lenkt und kontrolliert, kann es damit mehr und mehr eine solche Rolle übernehmen. Für den Beratungsprozess der Kollegialen Beratung ist deshalb ein Schema entwickelt worden, das unterschiedliche Rollen vorsieht. Diese werden stets wechselnd besetzt. Die Rolle der Moderation hat z. B. die Aufgabe für das Einhalten der einzelnen Beratungsschritte zu sorgen und durch ihre moderierende Tätigkeit das Herausbilden einer informellen Leitung zu verhindern (vgl. Tietze 2010, 91 f.). Eine weitere Gefahr des Prinzips der Leitungslosigkeit stellt das Wegdriften vom Beratungsprozess dar, hin zu therapieähnlichem Arbeiten oder zu Alltagsgesprächen.

Exkurs: Abgrenzung von Beratung zu Therapie und Alltagsgesprächen

Beratung stellt eine Unterbrechung des Handlungs- und Entscheidungsflusses im Alltag dar. Sie dient der Entscheidungshilfe bei einem aktuellen oder sogar akuten Problem. Ziel von Beratung ist es, zu selbstbestimmter Lebenspraxis zu verhelfen.

> In der Therapie geht es um die Heilung einer seelischen Erkrankung. Die Identität einer Person ist beschädigt und soll im therapeutischen Prozess wiederhergestellt werden. Während Beratung dialogisch stattfindet und mit der ratsuchenden Person gemeinsam Interpretationen erarbeitet werden, liegt die Deutungsmacht in der Therapie einseitig bei dem*der Therapeut*in.
> Beratung in Alltagsgesprächen findet z.b. zwischen Freund*innen, Verwandten, Arbeitskolleg*innen oder Nachbar*innen statt. Der Zufall spielt eine große Rolle, z. B. in der Frage, wie zugehört oder nachgefragt wird, wie verbindlich oder intensiv die Beratung stattfindet. Beratung grenzt sich vom Alltagsrat ab, indem sie keine vorschnellen Ratschläge oder oberflächlichen Interpretationen liefert.

Deshalb ist (4) die feste *Ablaufsystematik* (► Kap. 3) als weiteres Kernmerkmal Kollegialer Beratung wichtig, da diese eine ergebnisorientierte Reflexion gewährleistet und den komplexen Beratungsprozess in übersichtliche Phasen gliedert.

Bestandteil jeder Kollegialen Beratung sind die beiden konstituierenden Phasen der *Falleinbringung* und der *Fallbearbeitung*. Im Ablaufschema werden diese beiden Phasen weiter zerlegt und differenziert. Einen Unterschied zwischen den Modellen stellen dann die Anzahl und der Auflösungsgrad der Phasen sowie die Frage, wie Falleinbringung und Fallbearbeitung in Relation zueinander gewichtet werden, dar. Schlee z. B. unterscheidet in seinem Modell der ›Kollegialen Beratung und Supervision (KoBeSu)‹ lediglich zwischen den zwei Hauptphasen ›Sicherheit und Vertrauen‹ und ›Skepsis und Konfrontation‹ und sieht mit insgesamt 45 Minuten am meisten Zeit für die Falleinbringung vor (vgl. Schlee 2008, 77 ff.). In Tietzes sechs Phasen-Modell ist die Gewichtung zwischen Falleinbringung und -bearbeitung annähernd gleich (vgl. Tietze 2018, 60).

Wie weiter oben schon aufgezeigt, ist auch die *Rollenstruktur* ein wichtiger Bestandteil der Konzepte, um zum Gelingen des Beratungsprozesses beizutragen. Auch hier weichen die einzelnen Autor*innen jeweils leicht voneinander ab. Dabei stellen die Rollen der falleinbringenden, der beratenden und der moderierenden Person das unabdingbare Minimum dar. »Die Rolle des Moderators fungiert [...] in funktionaler Hinsicht als Bindeglied zwischen Ablaufschema und realem Beratungsprozess sowie in sozialer Hinsicht als Mittler zwischen den Beratenden und dem Beratenem« (Tietze 2010, 74). Weitere Rollen können z. b. die der*des Sekretär*in sein, die*der vor allem in der Phase der Beratung die Aufgabe hat, Einfälle, Bilder, Erkenntnisse, die entstehen, schriftlich festzuhalten (vgl. Tietze 2018, 58, Schlee 2019, 87). Bei Schlee existiert zusätzlich die Rolle der*des Zeitwächter*in, die unter anderem für die Einhaltung der Zeitstruktur der einzelnen Phasen verantwortlich ist (vgl. Schlee 2019, 84 f.). Und bei Tietze findet sich die Rolle der*des Prozessbeobachter*in, mit der Aufgabe, die Durchführung des Beratungsprozesses zu beobachten und der Gruppe am Ende ein Feedback über gelungene und über nachteilige Momente im Prozess zu geben (vgl. Tietze 2018, 59). Die größte Rollenvielfalt findet sich wohl bei Schlee mit insgesamt acht Rollenfunktionen (vgl. Schlee 2008, 68 ff.).

Praxisbeispiel

Sechs Leiter*innen verschiedener Kindertagesstätten treffen sich freiwillig alle drei Monate für einen halben Tag in einem Gruppenraum des Verbandes. Da einige von ihnen eine weite Anfahrt haben, stellt die erste halbe Stunde eine offene Ankommensphase mit Zeit zum informellen Austausch dar. Dann beginnt der strukturierte Teil mit einer Eingangsrunde, in der jede Person erzählt, wie es ihr geht und was sie zurzeit bewegt und ob sie einen Fall mitgebracht hat. Die gemeinsame Zeit reicht für die Besprechung von zwei bis drei Fällen und so legt die Gruppe nach der Eingangsrunde fest, welche Fälle in welcher Reihenfolge besprochen werden sollen. Dann beginnt die erste Fallbesprechung. Die Gruppe hat sich, als sie sich vor ein paar Jahren konstituiert hat, auf ein bestimmtes Phasenmodell Kollegialer Beratung geeinigt. Nach diesem Modell werden die Fallbesprechungen durchgeführt. Nach der ersten Fallbesprechung, die 60 Minuten dauert, gibt es eine kurze Pause, an die sich die nächste Fallbesprechung anschließt. Am Ende wird noch eine Abschlussrunde durchgeführt.

1.2 Merkmale Kollegialer Beratung

Auf den Punkt gebracht

Kollegiale Beratung definiert sich über die vier Kernmerkmale (1) berufsbezogene Fälle, (2) Gruppenmodus, (3) Wechselseitigkeit und (4) Ablaufschemata. Eine Gruppe von drei bis zwölf Fachkräften aus ähnlichen beruflichen Kontexten kommt zusammen. Unter Moderation eines Gruppenmitgliedes wird jeweils eine konkrete Problemsituation/Fragestellung aus der beruflichen Praxis einer einzelnen teilnehmenden Person von den anderen teilnehmenden Personen besprochen. Dabei wird ein Ablaufschema eingehalten. Jedes Gruppenmitglied ist mal in der Rolle der beratenden und mal in der Rolle der ratsuchenden Person, sodass eine Leitung in Form eines*einer Beratungsexpert*in entfällt.

Reflexionsfragen

- Warum wäre aus Ihrer Sicht eine klare Begriffsdefinition für Kollegiale Beratung hilfreich, warum nicht?
- Sind die Kernmerkmale aus Ihrer Sicht gleichwertig oder würden Sie einzelne Merkmale mehr oder weniger gewichten?
- Inwiefern könnte die Kollegiale Beratung für die sozialpädagogische Kita-Leiterin aus dem ersten Praxisbeispiel hilfreich sein?

Weiterführende Literatur

- Zu den Kernmerkmalen: Tietze, Kim-Oliver (2010): Wirkprozesse und personenbezogene Wirkungen von kollegialer Beratung. Theoretische Entwürfe und empirische Forschung. Wiesbaden: VS Verlag für Sozialwissenschaften.
- Zum historischen Entwicklungskontext: Thiel, Heinz-Ulrich (1994): Professionelle und kollegiale Supervision – Begründung und Praxis ihrer Kombination. In: Pühl, Harald (Hrsg.): Handbuch der Supervision 2 (S. 200–203). Berlin: Edition Marhold.

2 Warum und wozu Kollegiale Beratung?

> ☞ **Überblick**
>
> In diesem Kapitel erfahren Sie, dass Kollegiale Beratung vielfältige Ziele bedienen kann und in sehr verschiedenen Anwendungsfeldern genutzt wird. Das erste Unterkapitel beschreibt die allgemeinen, von den Anwendungsfeldern unabhängigen Ziele. Das dann folgende Kapitel zeigt anhand von zwei Anwendungsfeldern auf, wie Kollegiale Beratung in der Sozialen Arbeit eingesetzt werden kann. In den letzten beiden Unterkapiteln wird kurz auf die speziellen Anwendungsfelder Aus- und Weiterbildung und Personalentwicklung eingegangen.

2.1 Allgemeine Ziele

In der Kollegialen Beratung werden Fragen, Anliegen und Probleme, die sich aus ganz konkreten Praxissituationen heraus ergeben, bearbeitet. Es geht darum, verschiedene Perspektiven auf die erlebte Situation zu entfalten und so den Blickwinkel der einbringenden Person zu erweitern und ihr das Entwickeln neuer Sichtweisen zu ermöglichen (vgl. Tietze 2018, 22). Auf diese Weise *fördert* Kollegiale Beratung das *Reflexions- und Wahrnehmungsvermögen* der Professionellen (vgl. Lippmann 2013, 18 f.) und stellt einen arbeitsplatzbezogenen Lernprozess dar (vgl. Scholar 2013, 482). Häufig handelt es sich bei den eingebrachten Fällen um Kommunikations-

2.1 Allgemeine Ziele

und Interaktionsprobleme. Kollegiale Beratung hat zum Ziel, zu verstehen, was genau das Problem ausmacht und welche Dynamiken, Strukturen und Einstellungen zum Entstehen oder Aufrechterhalten des Problems beitragen. Es geht darum, das Handeln in der beruflichen Rolle, die Einstellungen und den Umgang mit verschiedenen, sich teilweise widersprechenden Verhaltenserwartungen zu reflektieren. »Reflexion bedeutet, das eigene Verhalten und die eigenen Deutungen von einem anderen Standpunkt aus betrachten und kritisch hinterfragen zu können« (Tietze 2018, 20f.). Ziel des Entfaltens verschiedener Perspektiven, des Verstehens von Dynamiken, Strukturen und Einstellungen und der Reflexion professionellen Handelns ist es, dass die falleinbringende Person die erlebte Situation *neu bewerten* und *konkrete Handlungsideen entwickeln* kann.

Praxisbeispiel

Eine Frühförderkraft arbeitet mit einem Kind, das eine Behinderung hat. Die Familie des Kindes erwartet eine hohe terminliche Flexibilität der Fachkraft, weil beide Elternteile arbeiten und das Vereinbaren von Arbeit und Familie eine hohe Flexibilität notwendig macht. Die sozialpädagogische Fachkraft, die viele Familien zu betreuen hat, kann diese geforderte Flexibilität nicht leisten. Wie soll sie den Erwartungen dieser Familie begegnen? Wie kann diese Situation gut gelöst werden? Die Kollegiale Beratung kann helfen, sich in die verschiedenen beteiligten Personen einzufühlen. Die Gruppe analysiert, was hier welche Dynamik zwischen den Beteiligten auslöst. Dabei spielen verschiedene Ebenen eine Rolle. Zum einen die individuelle Ebene: Die Fachkraft kann in der Art, wie die Familie den Konflikt mit ihr führt, an frühere konflikthafte Beziehungen erinnert werden. Oder die Eltern wollen nicht zulassen, dass die Behinderung ihres Kindes so stark regulierend in ihr Leben eingreift. Aber auch die institutionelle Ebene hat häufig entscheidenden Einfluss auf die professionelle Interaktion: Das notwendige wirtschaftliche Denken der Institution, die von den Fachkräften eine effiziente Organisation der Familienkontakte erwartet und die Fachkraft nur nach durchgeführten Fachleistungsstunden bezahlt, führt zu einem enormen Druck bei den Fachkräften. Auch die gesellschaftliche Ebene kann hier von Bedeutung sein: Das gesellschaftliche Bild, dass beide Elternteile arbeiten und gleichzeitig den Anspruch der Ermöglichung einer optimalen Förderung der Kinder durch die Eltern erfüllen, kann Teil der Dynamik in diesem Fallgeschehen sein. Mithilfe der anderen Gruppenmitglieder können die verschiedenen Sichtweisen und Ebenen, die in die Interaktionsdynamik hineinwirken, wahrgenommen und betrachtet werden. Das verändert den eigenen eingeschränkten Blick auf die Situation und ermöglicht, die entstandene Situation besser zu verstehen.

Ein weiteres Ziel Kollegialer Beratung ist der erwartbare *Effekt der Psychohygiene und Entlastung*. Von schwierigen, belastenden beruflichen Situationen berichten zu können, bestenfalls eine neue Sichtweise und erste Lösungsideen zu entwickeln und in den Falleinbringungen anderer zu erfahren, dass alle zum Teil sogar sehr ähnliche berufliche Herausforderungen erleben, entlastet ungemein (vgl. Lust, Meister-Scheytt & Scheytt 2019, 491 f.).

Ein weiteres Ziel Kollegialer Beratung ist es, von den *eingebrachten Fällen anderer* für das eigene berufliche Handeln zu *profitieren*. Da die Teilnehmenden einer Kollegialen Beratungsgruppe häufig aus ähnlichen Arbeits- oder Aufgabenfeldern kommen, können die Zuhörenden häufiger Parallelen zwischen dem eingebrachten Fall und ihrer eigenen Arbeit erkennen. Lösungsideen, neue Sichtweisen auf einen Fall und das sich entfaltende Verstehen von problematischen Kommunikations- oder Interaktionsszenen können auf eigene Fälle übertragen werden und ebenso das Nachdenken über eigene Einstellungen und Handlungen in bestimmten Situationen anregen (vgl. Tietze 2018, 20).

Lippmann (vgl. 2013, 20) erwähnt ein weiteres Ziel, nämlich *Empowerment zu fördern*. Kollegiale Beratung ermöglicht die Erfahrung, dass sowohl in einer Person selbst als auch in der eigenen Kolleg*innengruppe viele Ressourcen für die Bewältigung schwieriger beruflicher Situationen vorhanden sind. Damit wird ein wichtiges Kriterium von Beratung, nämlich die ratsuchende Person nicht zu entmündigen, sondern in Form von ›Hilfe zur Selbsthilfe‹ zu unterstützen, gewährleistet. Kollegiale Beratung kann somit zu einer Rückbesinnung auf die eigenen wertvollen Ressourcen beitragen (vgl. Bürgisser 2006, 573). Ggf. ist diese Gewährleistung der Nichtentmündigung in der Kollegialen Beratung aufgrund des Kernmerkmales der Wechselseitigkeit leichter zu leisten als z. B. in der Supervision. Dies macht auch eine Studie von Möller und Wagenaar deutlich. Sie exploriert die Praxis von Intervisionsgruppen niedergelassener Psychotherapeut*innen. Die Ergebnisse zeigen, dass dort, wo es eine höhere Zufriedenheit mit der Form der Kollegialen Beratung gegenüber der Form der Supervision gibt, diese der positiven Beziehungsdynamik der Mitglieder untereinander respektive der negativen Dynamik zwischen Supervisor*in und Supervisand*innen zugeschrieben wird. »Hierbei spielen *Offenheit/Vertrauen/Angst/Scham* und *Hierarchie* und *Konkurrenz* eine besondere Rolle« (Möller & Wagenaar 2017, 111, Hervorhebungen im Original).

Während die bisher benannten Ziele wohl jeweils für viele Arbeitsfelder von großer Bedeutung sind, gibt es darüber hinaus Ziele, die nur bzw. mehr für einzelne Bereiche von Relevanz sind.

Das Ziel der *Erhöhung der eigenen Beratungskompetenz* wird z. B. für Frühförderkräfte oder Erzieher*innen, die keine spezielle Beratungsausbildung durchlaufen haben, Beratung aber dennoch als zumindest kleinen Anteil ihrer Arbeit erleben, eine höhere Relevanz aufweisen als für Beratungsfachkräfte psychologischer Beratungsstellen, da diese bereits eine hohe Beratungskompetenz in speziellen Ausbildungen erworben haben. Die feststehende Ablaufstruktur mit ihren einzelnen Phasen, in der die Aufgaben für alle Beteiligten recht genau definiert sind, grenzt das Beratungsgeschehen vom alltäglichen Ratgeben mit seinem vorschnellen Wissen über Lösungen bzw. über die »beste Handlungsstrategie« ab. Das methodische Vorgehen hilft, den Fokus mehr auf das Verstehen zu legen. Auf diese Weise lernen in Beratung ungeübte Personen, mehr und mehr eine Beratungshaltung einzunehmen.

Für Arbeitsfelder, in denen man als Fachkraft mit seiner Disziplin in der Minderheit ist oder einer speziellen Funktion innerhalb der Organisation nachgeht, spielt der *Rückhalt*, den die Kollegiale Beratungsgruppe geben kann, eine wichtige Rolle. Das gilt z. B. für Sozialarbeiter*innen im Krankenhaus und in der Schule oder für die einzige Heilpädagog*in in einem Kitateam. Die Funktion, mithilfe der Kolleg*innen aus derselben Profession die eigenen Sichtweisen und Einstellungen reflektieren und überprüfen zu können, minimiert die von Bauer (vgl. 2014, 278) erwähnte Gefahr, im Berufsalltag die eigene professionsspezifische Sichtweise zu verlassen, und *schützt davor, die Sichtweise der dominanten Profession schleichend zu übernehmen*. Darüber hinaus kommt noch das *Lernen von anderen Organisationen* als weiteres Ziel hinzu (vgl. Lippmann 2013, 20).

Praxisbeispiel

Die sechs Schulsozialarbeiter*innen eines Landkreises treffen sich alle zwei Monate zur Kollegialen Beratung. Frau XY arbeitet an einer Hauptschule. Sie bringt einen Fall ein. Sie führt gerade ein besonderes Klimaschutzprojekt durch. Zu der Gruppe der Teilnehmenden gehört ein Mädchen, das ein sehr auffälliges Verhalten zeigt und ein konstruktives Arbeiten der Projektgruppe mit diesem Verhalten immer wieder verhindert. Frau XY überlegt, dem Mädchen die Teilnahme an dem Projekt zu verbieten, und will wissen, was die anderen dazu denken. In der Reflexion der Kollegialen Beratung wird zum einen deutlich, welchen Anteil die Projektgruppe an dem Verhalten des Mädchens hat. Zum anderen wird XY deutlich, wie sehr sie das Denkmuster der Schule bzw. der dominanten Profession der Lehrer*innen, störende Kinder seien zu sanktionieren, unreflektiert übernommen hat. In der Abschlussrunde erklärt ein Kollege, dass er anhand des Falles zusätzlich gelernt hat, wie man Projektarbeit noch organisieren kann.

2.2 Kollegiale Beratung als Instrument für Fallverstehen in der Sozialen Arbeit

Kollegiale Beratung hat sich als anerkanntes Reflexions- und Beratungsinstrument für Fallverstehen in der Sozialen Arbeit etabliert und hat in vielen Teams einen fest verankerten Platz (vgl. Tenhaken 2015, 133 f., Balz 2021, 531). In multiprofessionellen Teams wird sie z. B. als wichtiges Instrument zur Umsetzung der Multiprofessionalität und damit zur Qualitätssicherung angesehen (vgl. Morbitzer, Morbitzer & Dietzfelbinger 2005,

375). Die Arbeitsprozesse moderner Gesellschaften zeichnen sich durch arbeitsteilige, hochspezialisierte Abläufe aus. Arbeitsteilung und Spezialisierung müssen aber auch wieder zusammengeführt werden. Das gilt auch für die Soziale Arbeit. Multiprofessionelle Teams dienen daher dazu, einen spezialisierten Blick auf die sozialen Probleme zu gewährleisten und gleichzeitig die einzelnen Expertisen wieder zusammenzuführen. Kollegiale Fallbesprechungen bieten eine gute Möglichkeit, genau dies umzusetzen, weil sie nach Bauer »der gemeinsamen Verständigung über die angemessene fachliche Perspektive auf den Fall, der Reflexion und Bewertung bisheriger Vorgehensweisen, der Koordination und Abstimmung der Arbeit mit den Adressat_innen, aber auch der Entwicklung neuer Sichtweisen auf einen Fall« (vgl. Bauer 2018, 285) dienen. Psychologische Beratungsstellen sind ein Beispiel für ein Arbeitsfeld solch multiprofessioneller Teams. Die Fachverbände dieser Beratungsstellen legen kollegiale Fallbesprechungen sogar als eines von mehreren überprüfbaren Kriterien zur Umsetzung von Multiprofessionalität fest (vgl. EKFuL 2000, DAKJEF 2001). Die empirischen Studien von Hurtienne (2006, 68) und von Austermann und Wagenaar (2022, 34) weisen nach, dass kollegiale Fallbesprechungen von dem Großteil psychologischer Beratungsstellen in evangelischer Trägerschaft einmal wöchentlich durchgeführt werden.

Allerdings wird hier auch die im ersten Kapitel erwähnte begriffliche Vielfalt und konzeptionelle Unschärfe (vgl. Tietze 2010) des Formats sichtbar. Bezogen auf multiprofessionelle Teams wird einerseits der Begriff Kollegiale Fallbesprechung und andererseits, gerade in psychologischen Beratungsstellen, der Begriff Intervision verwendet. Und nicht immer erfüllt das, was in den Teams dann geschieht, die Voraussetzungen, um von Kollegialer Beratung sprechen zu können. Nicht selten wird z. B. die Ablaufsystematik Kollegialer Beratung genutzt, um strukturiert zu einer fachlichen Entscheidung zu kommen. So auch bei Tenhaken (2015), der die Systematik als Instrument zur Risikobewertung und Gefährdungseinschätzung von Kindeswohlgefährdung verwendet. Er konzipiert ein klar strukturiertes Ablaufschema, in dem zu Beginn eine falleinbringende Fachkraft ihr Anliegen vorstellt. Als Zielgruppe benennt er Teams der Kindertagesbetreuung oder der offenen Jugendarbeit. Wenn in einer Kindertagesstätte oder einem Jugendzentrum die Frage auftaucht, ob es sich bezogen auf ein betreutes Kind um einen Fall von Kindeswohlge-

2 Warum und wozu Kollegiale Beratung?

fährdung handelt, steht nicht die Reflexion der Beziehungsdynamik zwischen der Fachkraft und dem Kind und damit das professionelle Handeln im Mittelpunkt der Beratung. Hier geht es vielmehr darum, als Einrichtung unter Einbezug der verschiedenen Beteiligten und Hierarchieebenen ein gemeinsames Fallbild herzustellen, um eine fachlich begründete Entscheidung treffen und die weiteren Schritte koordinieren zu können (vgl. Tietze 2019, 442 ff.). Damit stehen der sachlich-fachliche Aspekt der Fallarbeit und der Aspekt der Entscheidung im Fokus. Dies ist von Kollegialer Beratung im Sinne arbeitsweltlicher Beratung deutlich zu unterscheiden (vgl. Herwig-Lempp 2016, 159).

Herwig-Lempp greift in seinem Lern- und Übungsbuch zur Kollegialen Beratung das Thema »Entscheidungen im Team« in einem extra Kapitel auf und entwickelt eine eigene, von der Kollegialen Beratung unabhängige Systematik für Entscheidungsprozesse. Ein wichtiger Aspekt dabei ist, dass Entscheidungsprozesse als solche auch benannt und damit von anderen sozialen Prozessen wie dem der Beratung abgegrenzt werden (vgl. ebd., 204 ff.). Neben der Fokussierung auf den sachlich-fachlichen Aspekt und dem Ziel der Entscheidung kommt ein weiterer Unterschied zum Tragen. Während es in der Kollegialen Beratung grundsätzlich um das Anliegen einer einzelnen falleinbringenden Person geht, kann es sich bei Tenhakens Gefährdungseinschätzung (2015) durchaus um kollektive Anliegen handeln. Nach Kühl und Schäfer sind für kollektive Anliegen andere methodische Vorgehensweisen als die, die in der Kollegialen Beratung verwendet werden, nötig (vgl. Kühl & Schäfer 2020, 5 f.). Das Involviertsein aller Teilnehmenden in einen Fall verhindert den für eine Beratung notwendigen Abstand (vgl. Tietze 2018, 34). Dieser Abstand ist wiederum notwendig, um die Position einer Dritten/eines Gegenübers einnehmen zu können und damit zum Entstehen von Reflexion während des Beratungsprozesses beizutragen (vgl. König & Schattenhofer 2017, 12).

Ader und Schrapper (2022) nutzen Kollegiale Beratung als wichtigen Baustein zur Fallarbeit in der Kinder- und Jugendhilfe. Sie haben ein Gesamtkonzept zur sozialpädagogischen Fallarbeit, bestehend aus sechs Basisinstrumenten, entwickelt. Kollegiale Beratung stellt eines dieser Basisinstrumente dar und hat die Aufgabe, einen Fall gerade »in seinen beziehungsdynamischen Anteilen zu verstehen und Handlungsoptionen daraus abzuleiten« (Ader & Schrapper 2022, 85). Mithilfe der Identifikation und des szenischen Fallverstehens (▶ Kap. 5.1) soll die Dynamik und Interaktion innerhalb des Adressat*innensystems, aber auch zwischen den am Fall beteiligten Adressat*innensystemen und zwischen Adressat*innen- und Hilfesystem erkennbar werden. Ängste, Hoffnungen, Erwartungen und Beziehungsmuster der Beteiligten sollen wahrnehmbar werden. Auf diese Weise wird der Erkenntnis Rechnung getragen, dass die an einem Fall beteiligten Hilfe- und Unterstützungssysteme ebenfalls Anteil an der Entwicklung des Fallverlaufes haben. Und es wird das Ziel verfolgt, weitere Perspektiven und Sichtweisen auf den Fall zu eröffnen und den Blick für die psycho- und gruppendynamischen Phänomene zu erweitern (vgl. ebd., 85 ff.).

Psychodynamik

Lehre vom Wirken innerseelischer Kräfte. Psychodynamische Modelle orientieren sich an der Psychoanalyse. Bezogen auf Gruppen gilt die Grundannahme, dass in allen Gruppensituationen bei den Mitgliedern »basale Wünsche und Bedürfnisse sowie Ängste und Befürchtungen aktiviert werden, die wir aus unserer Lebensgeschichte mitbringen« (vgl. König & Schattenhofer 2015, 30).

Gruppendynamik

Gruppendynamik bezeichnet die wechselseitige Beeinflussung der Mitglieder einer Gruppe oder zwischen Gruppen, die zu einer Veränderung der Prozesse und Strukturen einer oder mehrerer Gruppen führt.

Ader und Schrapper legen ähnlich wie Tietze (2010), Herwig-Lempp (2016) oder Schlee (2008) die Annahme zugrunde, dass Interpretationen subjektiven Deutungen unterliegen und biographisch geprägt sind (▶ Kap. 4.1). Hierbei wird aber neben der persönlichen Ebene auch Wert auf die institutionelle Ebene gelegt. Das Fallverstehen ist »durch die Institution oder Organisation gefärbt, in der die Fachkräfte arbeiten und auf die Klient_innen treffen. Der institutionseigene Auftrag sowie die vorherrschenden Werte und Abhängigkeiten prägen das Handeln und die Entscheidungen von ihnen. Der Verstehenshorizont der Fachkräfte ist individuell als auch institutionell begrenzt« (Althoff 2020, 139). Gerade aufgrund dieses subjektiven Faktors ist das gruppenorientierte Verfahren der Kollegialen Beratung wichtig, weil die Gruppe die Sichtweisen und Lösungsansätze der einzelnen Fachkräfte um eine breite Vielfalt ergänzt und erweitert. Die einseitige subjektiv geprägte Entscheidung einer einzelnen Fachkraft wird so einer gewissen Kontrolle unterzogen. Althoff macht darauf aufmerksam, dass Fallverstehen in der Sozialen Arbeit komplex ist und mit dem gruppenorientierten Verfahren von Ader, Schrapper und Kolleg*innen die Möglichkeit geschaffen wird, dieser Komplexität mit der Komplexität einer Gruppe zu begegnen (vgl. ebd., 141). Gerade in der Jugendhilfe sind Fälle von Widersprüchen und Ambivalenzen geprägt.

>»Man kann sich auf die Seite der Mutter oder des Kindes stellen, man kann die Kooperationsbereitschaft der KlientInnen wohlwollend oder kritisch betrachten […]. Die verschiedenen Seiten sollen vertreten sein, gerade das macht den Vorteil der Gruppe aus, zu einer passenden Perspektive zu kommen« (Schattenhofer 2022, 219).

2.3 Kollegiale Beratung in der Aus- und Weiterbildung

Einen weiteren interorganisationalen Anwendungsbereich stellen Aus- und Weiterbildung dar. So kann beispielsweise das Arbeiten mit dem Format Kollegiale Beratung fest in den Seminar-Begleitgruppen während des Anerkennungsjahres im Studiengang Soziale Arbeit verankert sein. Auf diese Weise können konkrete Praxissituationen, die die Personen im Anerkennungsjahr als schwierig erleben, beraten und gemeinsam Handlungsschritte entwickelt werden. Die Teilnehmenden erfahren so Entlastung und lernen gleichzeitig ein hilfreiches Instrument für die spätere

Berufspraxis kennen. Im Rahmen der Studie von Roddewig (2016) wurde Kollegiale Beratung an einer Krankenpflegeschule als eigener Baustein in die Gesundheits- und Krankenpflegeausbildung implementiert. Die Auszubildenden wurden im ersten Ausbildungsjahr intensiv in die Methode eingeführt und führten diese in kleinen Gruppen ab dem zweiten Ausbildungsjahr selbstständig durch. Die Langzeitstudie evaluierte die Wirkung mittels eines Kontrollgruppendesigns und ist zu dem Ergebnis gekommen, dass die Teilnehmenden der Kollegialen Beratung sich sicherer in der Einschätzung stressiger Situationen fühlen und sich gestiegene Problemlösungskompetenzen zuschreiben. Außerdem führte die Teilnahme zu einem gestiegenen habituellen Wohlbefinden, einem positiveren Selbstbild der Auszubildenden sowie besseren schulischen Leistungen (vgl. ebd., 42).

In der Weiterbildung dient Kollegiale Beratung als Begleitung und Unterstützung von Transferprozessen des Gelernten in die Praxis, z. B. in Qualifizierungsprogrammen als Führungskraft oder Berater*in.

Habituelles Wohlbefinden

Beschreibt das Befinden einer Person, also Gefühle, Stimmungen und körperliche Empfindungen, bezogen auf einen Zeitraum von Wochen oder Monaten. Es wird als stabile, sich kaum verändernde Eigenschaft des Menschen beschrieben, eine Art Grundgefühl.

2.4 Kollegiale Beratung als Maßnahme der Personalentwicklung

Im Rahmen von Personalentwicklung wird Kollegiale Beratung entweder als alleinstehende oder als Maßnahme im Rahmen eines Qualifizierungsprogramms durchgeführt (vgl. Lippmann 2013, 21 ff., Bürgisser 2006, 568). Als solche findet das Format zunehmend Eingang in Wirtschaft und

Verwaltung (vgl. Tietze 2010, 30). Kollegiale Beratung dient dann dem Ziel der Qualifizierung in sozialen und kommunikativen Kompetenzen und im Problemlösen »durch die Reflexion von Rollenverhalten und durch eine Lösungsentwicklung für praktische Probleme« (Ryschka & Tietze 2011, 115).

Kühl und Schäfer beschreiben die seit den 1990er Jahren stattfindende Ausweitung des Bezugsrahmens Kollegialer Beratung: »Der Transfer von Weiterbildungsinhalten in die Berufspraxis, vielfältige Führungsthemen und Aspekte der Personal- und Organisationsentwicklung kommen mittlerweile hinzu« (Kühl & Schäfer 2020, 10). Hier zeichnet sich eine ähnliche Entwicklung wie in der Supervision ab. Auch in der Supervision findet mit der zunehmenden Bedeutung, die Organisationen seit den 1990er Jahren zugesprochen wird, verstärkt ein Einbeziehen der organisationalen Ebene statt, ebenso wie durch die fortschreitende Ökonomisierung eine stärkere Ausrichtung auf Personalentwicklung in Form von Handlungsoptimierungen durch Coaching stattfindet (▶ Kap. 6.2).

Auf den Punkt gebracht

Kollegiale Beratung hat sowohl für die Teilnehmenden als auch für Organisationen einen vielfältigen Nutzen. Als gruppenorientiertes Verfahren liegt ihre Stärke darin, die subjektiv geprägte Deutung oder Interpretation einer einzelnen Fachkraft mit anderen, auch möglichen Interpretationen, die die Gruppe hervorbringt, zu konfrontieren. Der Fachkraft wird auf diese Weise eine Reflexion ihrer bisherigen Deutung ermöglicht. Sie kann eine neue Sichtweise auf den Fall und damit auch neue Handlungsstrategien entwickeln. Kollegiale Beratung bietet damit eine gute Möglichkeit, Multiprofessionalität umzusetzen, in dem die verschiedenen professionellen Sichtweisen die Sichtweise der falleinbringenden Fachkraft ergänzen, erweitern und konfrontieren.

Kollegiale Beratung ist von kollegialen Fallbesprechungen mit einem kollektiven Anliegen, wie beispielsweise der kollektiven Entscheidungsfindung eines Teams, ob es sich um einen Fall von Kindeswohlgefährdung handelt oder nicht, abzugrenzen. Das hier verfolgte Ziel, ein gemeinsames Fallbild zu erzeugen, ist vom Ziel Kollegialer Beratung,

2.4 Kollegiale Beratung als Maßnahme der Personalentwicklung

ein eingebrachtes Fallbild zu reflektieren und damit ggf. zu korrigieren, zu unterscheiden.

Reflexionsfragen

- Erstellen Sie aus dem Text heraus eine Liste mit den Zielen Kollegialer Beratung!
- Wählen Sie ein Arbeitsfeld aus der Sozialen Arbeit aus! Informieren Sie sich, in welchen Strukturen hier gearbeitet wird! Überlegen Sie, mit welchen Zielen und in welchem Setting Kollegiale Beratung in diesem Arbeitsfeld etabliert werden könnte!

Weiterführende Literatur

- Zu den Zielen: Tietze, Kim-Oliver (2018): Kollegiale Beratung. Problemlösungen gemeinsam entwickeln (9. Auflage) (S. 19–26). Reinbek bei Hamburg: Rowohlt.
- Zu Kollegialer Beratung und Fallverstehen in der Sozialen Arbeit: Ader, Sabine & Schrapper Christian (2022): Sozialpädagogische Diagnostik und Fallverstehen in der Jugendhilfe (2., aktualisierte Auflage). München: Reinhardt.

3 Wie läuft Kollegiale Beratung ab?

☞ Überblick

In diesem Kapitel erfahren Sie, welche Phasen zum Prozess der Fallberatung gehören und wie diese Phasen in den Ablaufschemata von Kollegialer Beratung weiter sequenziert werden.

Zu den definitorischen Kernmerkmalen Kollegialer Beratung gehört, wie erwähnt, eine feste Ablaufstruktur (▶ Kap. 1.2). Der Ablauf mit seinen einzelnen Schritten ist also im Vorfeld festgelegt und wird in der Durchführung mithilfe eines Ablaufschemas (im Idealfall) genau befolgt. Das unterscheidet Kollegiale Beratung von anderen Beratungsprozessen. In der Supervision gibt es zumindest keine sichtbare, für Außenstehende eindeutig erkennbare Ablaufstruktur. Und doch hat diese im Laufe ihrer Professionalisierung Programme, von Rappe-Giesecke als Normalformen bezeichnet, ausgebildet. »Gute SupervisorInnen zeichnen sich dadurch aus, dass sie ihre Normalformmodelle kennen, in den Beratungssituationen nach diesen handeln, ohne dass sie sich diese bewusst machen müssen; die Programme bleiben unterhalb ihrer Aufmerksamkeitsschwelle« (Rappe-Giesecke 2009, 20). An dieser Normalform des Ablaufs von Fallarbeit in der Supervision richten sich die Ablaufschemata der meisten Modelle Kollegialer Beratung aus. Um zu erkennen, was die Gemeinsamkeiten und die Unterschiede ausmacht, wird zunächst die Normalform der Fallarbeit in der Supervision erläutert.

Diese sogenannte Normalform entstand, indem in den 1980er Jahren in einem Kassler Projekt Supervisions- und Balint-Gruppen mit verschiedenen Leiter*innen beforscht wurden und eine Normalform des Ablaufs der

Fallarbeit rekonstruiert wurde. Die Normalform des Ablaufs der Fallarbeit gliedert sich in folgende fünf Phasen:

- Vorphase
- Aushandlungsphase
- Falleinbringungsphase
- Fallbearbeitungsphase
- Abschlussphase (vgl. ebd., 120 ff.)

Da ein Beratungsprozess ein intensives Sich-Einlassen und Eintauchen sowohl von Seiten der Beratenden als auch von Seiten der Ratsuchenden erfordert und einen reflexiven Raum fernab des Handlungsdrucks der Arbeitspraxis darstellen soll, ist eine *konstituierende Vorphase* notwendig. Damit ist eine Phase gemeint, die das Szenario der Fallbearbeitung vom beruflichen Alltag der Beteiligten, aber auch von privaten Alltagsgesprächen abhebt, und ein Sich-Einstellen auf die kommenden Beratungsprozesse ermöglicht. Hierfür dienen organisatorische Prozesse, wie das Klären der Abwesenheit einzelner Teilnehmender oder terminlicher Fragen. Auch eine Runde zur Befindlichkeit der Anwesenden dient dem Ankommen und stellt gleichzeitig einen Übergang bzw. einen Teil der nächsten Phase der *Aushandlung* dar. Hier hat die Gruppe die Aufgabe, sich zu einigen, welcher Fall oder welche Fälle in der anstehenden Sitzung bearbeitet werden sollen. Fälle können nur dann gut beraten werden, wenn es sich um geeignete Beratungsanliegen handelt und der eingebrachte Fall auf genügend Resonanz in der Gruppe stößt (vgl. König & Schattenhofer 2017, 58) und zwischen der falleinbringenden Person und der Gruppe eine ausreichende Vertrauensbasis vorhanden ist (vgl. Rappe-Giesecke 2009, 124). Die Aushandlungsphase dient dazu, all dies abzuklären, indem diejenigen, die gerne einen Fall einbringen möchten, eine mündliche Kurzdarstellung des Falles abgeben, die Gruppenmitglieder Stellung beziehen, welche Fälle bearbeitbar sind und sie interessieren, und die Gruppe eine gemeinsame Entscheidung trifft. Die bisher vorherrschende Symmetrie zwischen den Mitgliedern wird jetzt zugunsten einer Asymmetrie zwischen der falleinbringenden, ratsuchenden Person und der Gruppe als den Beratenden aufgelöst (vgl. ebd., 122). Nachdem die Reihenfolge der Fälle feststeht, folgt die *Falleinbringungsphase*. Den Fall, der als erstes bearbeitet werden soll, bringt das betroffene Gruppenmitglied in die Gruppe ein, indem es den institutionellen Kontext und die beteiligten Personen sowie den Verlauf der Ereignisse und das eigene Erleben dessen in einer Erzählung schildert. Bezogen auf die Interaktion hat die Gruppe hier die Aufgabe, die für das Erzählen typischen Rollen des Zuhörens und des Erzählens herzustellen (vgl. ebd.). Im Anschluss an die Falleinbringung erfolgt die *Fallbearbeitung*. Wichtigste Funktion dieser Phase ist es, das Problem der falleinbringenden Person zu verstehen. Es geht darum, den Blick auf die als problematisch erlebte Situation zu weiten, die Dynamik, die sich in dem Geschehen entwickelt hat, zu verstehen und die Perspektiven der einzelnen Beteiligten auf das Erlebte sichtbar zu machen. Der Fokus der Aufgabe als Gesamtgruppe liegt hier in der Rekonstruktion. Aufgabe der Gruppe ist es dabei, auch ungesagte, unsagbare oder der erzählenden Person nicht bewusst zugängliche Aspekte benennen und aufdecken zu können. Ziel ist es, die Ergebnisse der Rekonstruktion für das professionelle Handeln fruchtbar zu machen (vgl. ebd.). In der *Abschlussphase* wird die Sitzung ausgewertet und ggf. ein Ausblick auf die nächste Sitzung vorgenommen (vgl. König & Schattenhofer 2017, 65).

Die Abfolge der Phasen ist nicht beliebig umkehrbar. Allerdings stellt die Normalform in der Supervision, anders als in der Kollegialen Beratung, nur eine Orientierung, einen Muster- bzw. Idealablauf dar. Der*die Supervisor*in sorgt mithilfe des Wissens um diese Normalform für die Einhaltung der Bearbeitung wesentlicher Aufgaben der einzelnen Phasen. Dafür muss die supervidierende Person gravierende Abweichungen z.B. in Form von Unterlassungen bemerken und die Gruppe zur Bearbeitung der Aufgabe zurückführen. Abweichungen dienen dabei der Analyse, sowohl der Analyse des Gruppenprozesses als auch der des Falles (vgl. Rappe-Giesecke 2009, 106, König & Schattenhofer 2017, 54).

In der Kollegialen Beratung gibt es keine externe Person, die mit ihrem speziellen Wissen über Prozessverläufe bei Abweichungen intervenieren könnte, sodass eine feste Ablaufstruktur notwendig ist, um eine ergebnisorientierte Reflexion zu ermöglichen (vgl. Tietze 2010, 26f.). Phasenschemata stellen eine Art »Drehbücher für die idealtypische Inszenierung eines Beratungsprozesses« dar (ebd., 71).

Die grobe Struktur der Normalform von Fallarbeit in der Supervision findet sich in den Ablaufschemata Kollegialer Beratungsmodelle wieder.

Tab. 1: Ablaufschemata verschiedener Modelle Kollegialer Beratung im Vergleich

Normalform	Fallner/Gräßlin 1990 (90 Min)	Schlee 2019 (120 Min)	Herwig-Lempp 2016 (k. A.)	Tietze 2018 (40–45 Min)
Vorphase	Eröffnen & Beginnen	Vorbereiten & Hinführen		Casting
Vorbereiten				
Aushandlung				
Anliegen erheben			Anliegen sammeln	
			Reihenfolge festlegen	
Falleinbringung	Darstellen & Orientieren	Sicherheit & Vertrauen herstellen	Vortrag des Anliegens	Spontanbericht des*-der Fallerzähler*in
		Pause	Fragestellung entwickeln	Schlüsselfrage
Fallbearbeitung	Betrachten & Erweitern	Skepsis & Konfrontieren	Methodenfindung	Methodenauswahl
	Differenzieren, Beurteilen		Durchführung	Beratung
	Entscheiden, Übersetzen			
Abschluss	Abschließen & Beenden	Abschlussblitzlicht	Abschlusskommentar	Abschluss

3 Wie läuft Kollegiale Beratung ab?

Vor allem die beiden Phasen der *Falleinbringung* und *Fallbearbeitung* werden in kleinere Sequenzen zergliedert, die dann in den Modellen ebenfalls als Phasen oder als Schritte bezeichnet werden. So unterteilt Herwig-Lempp z. B. die Phase der Fallbearbeitung in die zwei Phasen »Methodenfindung« und »Durchführung« (▶ Tab. 1). Der Kollegialen Beratung steht ein Pool an Beratungstechniken, die angewendet werden können, zur Verfügung. Aus dem Pool kann die Gruppe die ihrer Meinung nach zur Bearbeitung des Falles am besten passende Technik auswählen. Diese Technik wird dann in der Phase »Durchführung« angewendet und der Fall damit bearbeitet (vgl. Herwig-Lempp 2016, 70 ff.). Die beiden Phasen der Normalform *konstituierende Vorphase* und *Aushandlung* werden in mehreren Modellen Kollegialer Beratung zu einer Phase verschmolzen. In Tietzes Modell ist dies die Phase »Casting«, für die dann die Aufgaben Besetzung der Rollen (Moderation, …), Anliegen erheben und falleinbringende Person auswählen, vorgesehen sind (vgl. Tietze 2018, 64).

Das Ablaufschema Kollegialer Beratung liefert für jede Beratungssequenz spezielle funktionale Aufgaben für die Rolle der Ratsuchenden und der Beratenden und zeigt damit auf, welche Intention der Beratungsinteraktion der jeweiligen Sequenz zugrunde liegt (vgl. ebd., 72). Die Sequenzen ermöglichen einen schrittweisen Übergang von der Alltags- in die Problemlösungskommunikation (vgl. König & Schattenhofer 2017, 53). Die Ablaufschemata übernehmen damit die Funktion, »einer Peergruppe die methodischen Kompetenzen eines Supervisors/Coaches bezogen auf die Strukturierung und Gestaltung von Fallberatungsprozessen zur Verfügung zu stellen« (Tietze 2010, 75).

> Eine ausführliche tabellarische Darstellung der verschiedenen Modelle Kollegialer Beratung können Sie unter folgendem Link[1] herunterladen:
>
> https://dl.kohlhammer.de/978-3-17-042182-0

---

1 Wichtiger urheberrechtlicher Hinweis: Alle zusätzlichen Materialien, die im Download-Bereich zur Verfügung gestellt werden, sind urheberrechtlich ge-

Auf den Punkt gebracht

Die Normalform des Ablaufes von Fallarbeit beinhaltet die fünf Phasen: *konstituierende Vorphase, Aushandlung, Falleinbringung, Fallbearbeitung, Abschluss.* Die Ablaufschemata Kollegialer Beratungsmodelle orientieren sich an dieser Struktur, legen aber häufig die ersten beiden Phasen zu einer Phase zusammen und unterteilen dafür die Phasen Falleinbringung und Fallbearbeitung in jeweils mehrere Phasen. Diese Unterteilung in mehrere Phasen liefert mehr Klarheit über die genauen Funktionen der einzelnen Rollen in der jeweiligen Phase.

Reflexionsfragen

- Nehmen Sie sich ein Modell Kollegialer Beratung Ihrer Wahl und überprüfen Sie, wie die fünf Phasen der Normalform von Supervision nach Rappe-Giesecke in diesem Modell vorkommen!
- Für Psychotherapeut*innen und professionelle Berater*innen gehört regelmäßige Kollegiale Beratung zu ihrem Berufsalltag. Da es sich um beratungserfahrene Personen handelt, besteht in diesen Gruppen die Tendenz, sich nicht mehr an einem bestimmten kleingliedrigen Ablaufschema zu orientieren. Das grobe Schema von Falleinbringung und Fallbearbeitung wird aber eingehalten. Ist ein solches Vorgehen für beratungserfahrene Gruppen ratsam oder gibt es auch nachvollziehbare Argumente für eine strikte Verwendung eines Ablaufschemas auch in solchen Gruppen?
- Die verschiedenen Modelle Kollegialer Beratung unterscheiden sich neben der Zergliederung der Phasen vor allem in der Gewichtung

---

schützt. Ihre Verwendung ist nur zum persönlichen und nichtgewerblichen Gebrauch erlaubt. Jede Verwendung außerhalb der engen Grenzen des Urheberrechts ist ohne Zustimmung des Verlags unzulässig und strafbar. Das gilt insbesondere für Vervielfältigungen, Übersetzungen, Mikroverfilmungen und für die Einspeicherung und Verarbeitung in elektronischen Systemen.

> von Falleinbringung und Fallbearbeitung. Welchem Anteil würden Sie mehr Gewicht beimessen?

Weiterführende Literatur

- Zur Normalform des Ablaufs: Rappe-Giesecke, Kornelia (2009): Supervision für Gruppen und Teams (4. aktualisierte Auflage) (S. 120–131). Heidelberg: Springer.
- Zu Phasen der Fallbesprechung: König, Oliver & Schattenhofer, Karl (2017): Einführung in die Fallbesprechung und Fallsupervision. Heidelberg: Carl-Auer.
- Ablauf und Wissenswertes zu Tietzes Modell unter https://kollegiale-beratung.de/

4 Wie arbeitet Kollegiale Beratung?

> ☞ **Überblick**
>
> In diesem Kapitel erfahren Sie, welches die zwei wichtigen Funktionen von Fallarbeit in der Kollegialen Beratung sind. Da die erste, die verstehende Funktion, grundlegend zur Erfüllung der zweiten Funktion ist, wird anhand der Ausführungen von Schlee und Mutzeck aufgezeigt, mit welchen Handwerkszeugen eine solche verstehende Funktion ggf. erreicht werden kann. Da es sich dabei um sehr professionelles Handwerkzeug handelt, wird deutlich gemacht, auf welche Weise bereits die Ablaufsystematik an sich ihren Beitrag zum Erhalt der beiden Funktionen und zur Durchführung einer professionellen Beratungsinteraktion leistet.

4.1 Fallberatung und ihre zwei Funktionen als Zentrum Kollegialer Beratung

Das Beratungsgeschehen in der Kollegialen Beratung wird durch die Arbeit mit der Normalform von Fallarbeit bestimmt. König und Schattenhofer kritisieren, dass in der Literatur zu Kollegialer Beratung dem »Fall, als selbst erlebte berufliche Interaktion« wenig Aufmerksamkeit geschenkt

4 Wie arbeitet Kollegiale Beratung?

wird und nicht deutlich wird, »wie in diesen Gruppen tatsächlich gearbeitet wird« (König & Schattenhofer 2017, 20).
Fälle sind immer das Produkt eines Prozesses. Beteiligte Akteur*innen handeln unter bestimmten Umständen auf eine bestimmte Art und Weise und berichten anschließend in der Dienstbesprechung oder der Supervision darüber; auf diese Weise produzieren sie einen Fall. Fälle weisen nach Heiner (2012) drei verschiedene Ordnungen auf.

> »Eine Sequenz konkreter Begebenheiten, oder Geschehnisse, an denen handelnde Individuen beteiligt sind, bildet den *Fall erster Ordnung*. Dieses Geschehen wird zum Gegenstand kasuistischer Analysen [...], indem es von einem oder mehreren Berichterstattern ganz oder in Ausschnitten in eine unmittelbare Form gebracht wird. Etwas wird damit aus dem Ereignisstrom herausgehoben, erfährt eine besondere Aufmerksamkeit, wird zu einem wahrgenommenen *Fall zweiter Ordnung*. Dabei wird der Handlungssequenz vom Berichterstatter eine Bedeutung zugeschrieben, das Geschehen weist für ihn eine bestimmte Eigenart auf und die Handlungsabfolge steht unter einem bestimmten Gesichtspunkt für etwas« (ebd., 202).

Der *Fall dritter Ordnung* entsteht in einem handlungsentlasteten Setting, wie der Teamsitzung, der Supervision oder der Kollegialen Beratung. Hier wird rekonstruiert, wie der Fall von der berichterstattenden Person wahrgenommen und gedeutet wird, und reflektiert, welche Konsequenzen eine solche Bedeutungszuschreibung für die einzelnen Akteur*innen hat und welche anderen Deutungen der Handlungssequenz noch möglich wären (vgl. ebd.). Genau dieser Fall dritter Ordnung ist damit Bestandteil der Kollegialen Beratung, welche somit einen Verstehensprozess darstellt, der versucht herauszufinden, »warum eine Person etwas gerade so versteht, wie sie es versteht, und nicht anders« (König & Schattenhofer 2017, 24).

Die erste wichtige Funktion von Fallarbeit ist also die diagnostisch orientierte, verstehende Funktion. Eng verbunden, und nicht unabhängig davon zu sehen, ist die zweite, die aktionale, also handelnde Funktion von Fallarbeit. In der Fallberatung geht es darum, die Interaktion und Dynamik, die sich in der beschriebenen Sequenz zwischen den beteiligten Akteur*innen entwickelt hat, zu verstehen, um daraus alternative Handlungsmöglichkeiten ableiten zu können. Es geht darum, als falleinbringende Person wieder professionell handlungsfähig zu werden (vgl. Tietze

2010, 69). Beide Funktionen werden im Folgenden noch mal näher beleuchtet, zunächst die diagnostisch orientierte, verstehende Seite.

Dem Verständnis von Fällen werden in der Kollegialen Beratung die Theorie des Konstruktivismus (vgl. Herwig-Lempp 2016, Mutzeck 2008) oder das Forschungsprogramm Subjektive Theorie (vgl. Schlee 2019, Tietze 2010) zugrunde gelegt. Dieses Verständnis geht davon aus, dass alles, was in der Welt passiert und was Menschen wahrnehmen und erleben, von ihnen subjektiv interpretiert und gedeutet wird. Dies geschieht unter Rückgriff auf bestimmte Kategorien, Muster, Begriffe, die den Menschen von ihrer jeweiligen gesellschaftlichen Umwelt zur Verfügung gestellt werden. Dabei spielen zum einen die eigenen individuellen Vorerfahrungen, aber auch die Erfahrungen des sozialen und kulturellen Umfeldes eine wichtige Rolle (vgl. König & Schattenhofer 2017, 23). Menschen entwickeln aufgrund ihrer gemachten Erfahrungen Denkweisen, Alltagssichten und Alltagskonstruktionen, mit deren Hilfe sie die Wirklichkeit für sich kategorisieren und sich damit Orientierung schaffen können. Erfahrungen und Erlebnisse werden dementsprechend auf eine bestimmte, für den jeweiligen Menschen subjektiv sinnvolle Weise gedeutet.

Nach diesem Verständnis von Fällen sind die eingebrachten Erzählungen keine objektiven Darstellungen, sondern stets von subjektiven Deutungsmustern durchdrungene Erfahrungsberichte. Für König und Schattenhofer stellt die Fallerzählung und der Umgang mit ihr ein wichtiges Instrument zur Fallbearbeitung dar. Die Erzählung zeigt den Zuhörenden die subjektive Wirklichkeitskonstruktion der falleinbringenden Person und wie diese ihre berufliche Rolle im Da und Dort des Falles sieht. Fallerzählungen weisen die zwei Ebenen des Da und Dort und des Hier und Jetzt auf. Die Erzählung schildert die Erlebnisse im Da und Dort, sie tut dies aber im Hier und Jetzt. »Was wird über das Da und Dort erzählt, und wie geschieht das im Hier und Jetzt? [...] Das Reden im Hier und Jetzt steht im Dienst des Da und Dort, über das man etwas erfahren und verstehen will« (ebd., 73).

Diese hier beschriebene diagnostisch orientierte, verstehende Funktion legt die Basis für die zweite, die handlungsorientierte, aktionale Funktion von Fallberatung. Die aktionale Funktion hat zum Ziel, Ideen zu entwickeln, wie die falleinbringende Person ihren Kompetenzen, ihrer Rolle und dem entwickelten Fallverständnis entsprechend in dem Fall weiter vorgehen kann (vgl. Tietze 2010, 69). Diese beiden Funktionen in Einklang miteinander zu bringen, macht den besonderen Charakter von Fallberatung aus. Konkrete, vor allem als herausfordernd erlebte Praxissituationen erzeugen bei den handelnden Personen meist einen hohen Handlungsdruck. Fallberatung bietet Raum und Zeit, entlastet von diesem Handlungsdruck der Praxis, den Fall zu analysieren. Allerdings benötigen Fallanalysen auch Zeit. Diese und weitere notwendige Ressourcen zum Fallverstehen stehen dem professionellen Personal häufig nicht ausreichend zur Verfügung (vgl. Ader 2006, 192 f.), sodass in Fallbesprechungen/-beratungen der Druck hineinwirkt, am Ende der Besprechung Ideen für konkretes Handeln zu entwickeln, und die Gefahr besteht, dass sich in der Fallberatung der Fokus zugunsten der handlungsorientierten Funktion verschiebt. Dies geschieht, indem die Beratung, im diagnostisch verstehenden Teil, den Fokus stärker auf die Herstellung einer schnellen fachlichen Einschätzung, durch Anwendung von wissenschaftlichem Wissen, legt und die individuelle Problemsituation des Einzelfalls weniger berücksichtigt.

>»Wissenschaftliches Wissen ist systematisch und rational strukturiert und strebt nach Erkenntnis durch die Suche nach Gesetzmäßigkeiten oder zumindest Regelmäßigkeiten, z. B. nach ›Mustern‹ menschlichen Verhaltens. Fallverstehen beruht aber nicht nur auf rationalem, nachprüfbarem Wissen, sondern auch auf Intuition und Empathie. Diese ist nötig, um zu erspüren, was Menschen bewegt und sie zu ermuntern, darüber zu berichten. Wissenschaftlich geprüftes Wissen [...] vermittelt den Hintergrund, vor dem das Besondere des Einzelfalls und damit auch das möglicherweise Neue und Fremde erkannt und erklärt werden kann« (Heiner 2012, 208).

Der eben schon erwähnte Handlungsdruck der Praxis, der in die Fallarbeit hineinwirkt, bringt die Gefahr mit sich, dass stärker auf vorhandenes Wissen zurückgegriffen wird, weil dies aufgrund seiner Systematik und Rationalität scheinbar schneller zu Einschätzungen führt. Es droht damit aber die Gefahr, dass das Besondere des Falles, das mittels des hermeneutischen Fallverstehens sichtbar werden soll, nicht erfasst wird.

Schlee greift in seinem Modell Kollegialer Beratung die zwei Funktionen der Fallarbeit, die diagnostisch-verstehende und die handlungsorientierte, in den zwei Hauptphasen ›Psychische Sicherheit und Vertrauen‹ und ›Skepsis und Konfrontation‹ auf. Das Ziel der ersten Phase ist zum einen, dass die falleinbringende Person sich in ihrem Erzählen von der Gruppe getragen fühlt und wohlwollende Unterstützung erfährt. Dafür ist es wichtig, dass die beratenden Personen im Zuhören Empathie und Anteilnahme entgegenbringen. Zum anderen ist das Ziel dieser Phase die Explikation der subjektiven Theorien der falleinbringenden Person, also dass möglichst viel von den subjektiven Sichtweisen, den Gefühlen und der Art und Weise, wie die falleinbringende Person Zusammenhänge für sich herstellt, sichtbar wird. In der Phase ›Skepsis und Konfrontation‹, der zweiten Phase des Modells, geht es darum, die Perspektive der falleinbringenden Person durch andere Sichtweisen auf den Fall/das Problem zu erweitern (vgl. Schlee 2019, 92 ff.).

In anderen Modellen Kollegialer Beratung lassen sich die zwei Funktionen nicht so deutlich getrennt im Ablaufschema wiederfinden. Im Modell von Tietze dienen die Phase der Fallerzählung und die Phase der Entwicklung einer Schlüsselfrage der verstehenden Funktion. Die Phase der Beratung, in der eine zuvor gewählte Technik durchgeführt wird, dient wiederum beiden Funktionen. In der Technik der Identifikation z.B. nehmen die Berater*innen die Rollen aller relevanten am Fall beteiligten Personen ein und äußern deren mögliche Gefühle und Sichtweisen auf den Fall. Dies wird zum einen allen Teilnehmenden helfen, die im Fall wirkenden Interaktions- und Beziehungsdynamiken noch besser zu verstehen und sich in einzelne Beteiligte hineinzuversetzen. Es wird aber auch der falleinbringenden Person Gefühle und Sichtweisen aufzeigen und sie damit konfrontieren, die sie bisher nicht wahrgenommen hat. Beides zusammen kann dann alternative Handlungsmöglichkeiten eröffnen.

4.2 Wie subjektive Interpretations- und Deutungsmuster dem Verstehen zugänglich gemacht werden

Dass das Verstehen eine wichtige Funktion Kollegialer Beratung ist, ist deutlich geworden. Aber wie gelingt es in einer Gruppe, subjektive Interpretations- und Deutungsmuster sichtbar und dem Verstehen zugänglich zu machen? Schlee und Mutzeck beschreiben als eine der wenigen etwas genauer, was es dafür braucht und welche Techniken und dahinterstehende Theorien hilfreich sein können.

Für das Zuhören und empathische Einfühlen greift Schlee auf die drei Techniken des Paraphrasierens, des Sendens von Rezeptionssignalen und des Reflektierens zurück und führt mit Übungen in diese ein. Diese drei Techniken sind Bestandteil des *aktiven Zuhörens*, wie Rogers (1983) es im personenzentrierten Ansatz entwickelt hat (vgl. Rogers 2014): Die eigene Körperhaltung, Mimik und Gestik und das *Senden von Rezeptionssignalen*, also Äußerungen, die das Zuhören signalisieren, tragen zu einer Atmosphäre bei, in der sich jemand ermuntert fühlt, zu erzählen. Das *Paraphrasieren*, also das Wiedergeben des Gehörten mit eigenen Worten, ist ein wichtiges Instrument zur Überprüfung, ob die Beratenden die ratsuchende Person richtig verstanden haben. Und das *Reflektieren*, im personenzentrierten Ansatz auch Verbalisieren emotionaler Gesprächsinhalte genannt, dient dazu, die wahrgenommenen Gefühle, Wünsche, Bedürfnisse zu benennen. Erzählung und aktives Zuhören tragen also dazu bei, eine Haltung umzusetzen, die der falleinbringenden Person einfühlende Anteilnahme entgegenbringt und sie als Person akzeptiert. Dies stellt die Basis dar, um das Herausarbeiten und das Verstehen der subjektiven Sichtweisen dieser Person möglich zu machen (vgl. Schlee 2019, 97 ff.).

Auch Mutzeck greift, ebenso wie Schlee, für die Ausführung und Konzeptionierung seines Modells der Kooperativen Beratung auf die personenzentrierte Gesprächsführung nach Rogers zurück. Neben den auch von Schlee aufgegriffenen Techniken bringt er darüber hinaus den Dialog, der zur Rekonstruktion der Welt- und Selbstsicht der ratsuchenden Person beitragen soll, als methodisches Handwerkszeug ins Spiel. Um subjektive

4.2 Subjektive Interpretations- und Deutungsmuster verstehen

Sichtweisen explizit und damit erfassbar zu machen, braucht es Auskunftserleichterungen, Anregungen und Öffnungshilfen z. B. in Form von Fragen und Impulsen seitens der beratenden Personen. Mithilfe von *offenen Fragen* wird die ratsuchende Person veranlasst, bestimmte Aussagen zu konkretisieren oder Szenen näher zu beschreiben (vgl. Mutzeck 2008, 86 ff.). Fragen können dabei auch eine Strukturierungshilfe darstellen. Auch König und Schattenhofer betrachten die »Kunst des Fragens« (König & Schattenhofer 2017, 25) als wichtiges Element der Fallberatung:

> »Es kommt darauf an, möglichst wenig Unterstellungen und Vorannahmen in den Fragen zu verpacken. Die Erzählenden sollen vielmehr angeregt werden, die eigene Erzählung zu ergänzen, sie mit weiteren Details und bislang nicht berücksichtigten Aspekten zu versehen« (ebd., 25).

Offene Fragen

Das sind Fragen, auf die das Gegenüber, im Gegensatz zu geschlossenen Fragen, nicht mit festgelegten Antwortkategorien antworten kann. Sie bieten den antwortenden Personen Raum und implizieren, dass auch keine Antwort zu geben möglich ist. Weil sie häufig mit den klassischen W-Wörtern »Wer«, »Was«, »Weshalb«, »Wie«, »Wo«, »Wozu«, »Welche« beginnen, werden sie manchmal auch als W-Fragen bezeichnet.
Beispiel:

Offene Frage: Welche Gefühle hat das in dir ausgelöst?
Geschlossene Frage: Hat dich das wütend gemacht?

Dies erfolgt stets in Form von symmetrischer Kommunikation. Denn das Verstehen des Sinngehalts der Welt- und Selbstsicht der ratsuchenden Person kann nur durch Dialog hergestellt und durch Zustimmung abgesichert werden. Die Absicherung per Zustimmung bezeichnet Mutzeck als Dialog-Konsens (vgl. Mutzeck 2008, 70). Die nähere Ausführung zur Herstellung des Dialog-Konsenses weist hohe Parallelen zu der von Schlee formulierten Zustimmung oder Korrektur als Antwort auf das Paraphrasieren durch die beratenden Personen auf.

4.3 Ablaufschema als Garant der beiden Funktionen von Fallarbeit

Insgesamt wird deutlich, dass es sich beim Fallverstehen und damit auch bei der Fallberatung um ein sehr komplexes Geschehen handelt. Tietze (2010) macht darauf aufmerksam, dass Ablaufschemata, aus kommunikationstheoretischer Perspektive betrachtet, den Teilnehmenden eine Ordnung für die in einer Kollegialen Beratung stattfindenden Kommunikationen liefern. Beratungsprozesse weisen unterschiedliche Kommunikationsebenen auf, die im Beratungsprozess voneinander unterschieden werden müssen, um Fälle (gut) bearbeiten zu können. Tietze unterscheidet zwischen den Ebenen des Fallinhalts, des Beratungsprozesses und des Gruppenprozesses. Beispielsweise benötigt die Entscheidung, welche Fälle bearbeitet werden, eine Kommunikation auf der Ebene des Gruppenprozesses und des Beratungsprozesses. Auf der Ebene des Beratungsprozesses geht es darum, zu überprüfen, ob sich der Fall für die Bearbeitung in der Kollegialen Beratung eignet. Und auf der Ebene des Gruppenprozesses geht es darum, darauf zu achten, dass nicht immer dieselben Personen einen Fall einbringen und gleichzeitig gewisse Dringlichkeiten auch Priorität erhalten dürfen. Da hierfür Kurzdarstellungen der Fälle benötigt werden, besteht die Gefahr eines Abrutschens auf die Ebene des Fallinhaltes. Die Sequenzen der Ablaufschemata erläutern genau, was zu tun ist, und leiten die Gruppen so zu den richtigen Kommunikationsebenen. So schreibt Tietze in Bezug auf die erste Phase seines Ablaufmodells, genannt Casting:

> »Er [der Moderator; Anm. d. Verf.] leitet beim ersten Casting die Anfangsrunde ein, in der potenzielle Fallerzähler ihre Anliegen anmelden können und in der vom weiteren Verlauf früherer Beratungen berichtet werden kann. Hiernach moderiert er die Festlegung der Reihenfolge, in der die Fallerzähler an die Reihe kommen. Wenn alle Rollen besetzt sind, leitet der Moderator zur nächsten Phase über« (Tietze 2018, 67).

Die Ablaufschemata Kollegialer Beratung sind so gestaltet, dass die einzelnen Phasen darin entweder die Anwendung einer expliziten Technik beinhalten oder aber sehr detailliert Handlungsanweisungen gegeben werden und das Ziel der Handlungen genau beschrieben wird.

»Die Reaktionen der Beratenden lassen sich in drei wesentliche Leistungen für den Beratenen unterteilen: Sie können (1) die Reflexion und Klärung des Beratenen fördern, (2) Lösungsvorschläge verbalisieren oder (3) Anteil nehmen und emotionalen Rückhalt geben« (Tietze 2010, 73).

Damit es zu diesen Leistungen auch kommt, wird die Interaktion aller Beteiligten durch die kleinteiligen Phasen der Ablaufsystematik, die darin enthaltenen Anweisungen und die teilweise verwendeten Techniken stark gelenkt und die Zielrichtung, auch der vorzunehmenden Verbalisierungen, vorgegeben.

Spangler z. B. wendet in seinem analytisch orientierten Modell die aus der Balintarbeit (▶ Kap. 5.1) übernommene Technik des freien Assoziierens an. Hier geht es als Leistung darum, zur Klärung beizutragen und die Reflexion der ratsuchenden Person zu fördern (1). Im Modell werden sehr genau Anweisungen gegeben, was dafür getan werden muss:

»Die Gruppe sammelt Assoziationen, Empfindungen, Phantasien, Metaphern, die die Falldarstellung bei ihr ausgelöst hat.
Hilfreich ist es, eigenen Einfällen Raum zu geben.
Mit wem identifiziere ich mich am meisten? Warum? Was hat die Art und Weise, wie der Fall vorgestellt wurde, bei mir hervorgerufen?
Noch keine Lösungsvorschläge einbringen!
Regel: Der Fallgeber hält sich während dieser Phase ganz zurück, auch wenn es schwerfällt, nicht sofort etwas richtig stellen zu können. Er soll sich darauf konzentrieren, alles aufzunehmen, was der Gruppe zu seiner Situation einfällt« (Spangler 2012, 44).

Mit der Bitte, keine Lösungsvorschläge einzubringen, soll hier z. B. vermieden werden, dass die beratenden Personen lediglich Ratschläge abspulen. Das würde einen Reflexionsprozess verhindern.

> Es geht darum, das Alltagsmuster des ›Probleme-Lösens ohne vorher zu verstehen‹ zu durchbrechen und ›wirkliche‹ Beratungsinteraktionen zu erzeugen.

Dieses Ziel wird häufig auch mithilfe von Vorgaben genauer Verbalisierung und damit einer Lenkung der Zielrichtung der jeweiligen Beratungsinteraktion angestrebt. Fallner und Gräßlin geben z. B. in der Phase der Falleinbringung genaue sprachliche Formulierungen zur Durchführung der Phase vor:

»DARSTELLEN UND ORIENTIEREN (Zeitumfang ca. 15 Minuten)

- der Einbringer stellt die Situation vor
- die Reflexionspartner befragen den Einbringer, um die Situation zu begreifen.

In dieser Kollegialen Beratungsphase geht es um das **Darstellen** und **Verstehen** der eingebrachten Situation. ›Folgende Situation möchte ich bearbeiten. ich [sic] bin vor allem interessiert an...‹ (siehe Ziele/Reflexions-Schwerpunkte).
Der Einbringer stellt die Situation vor. Er berichtet spontan. Er kann auch eine Skizze über die Situation vorbereitet haben oder während der Darstellung eine Skizze (Tafel/Flipchart) entwerfen.
Wenn die Darstellung aus der Sicht des Einbringers beendet ist (zeitlich soll die Darstellung nicht überdehnt werden), wird er von den Reflexionspartnern ›befragt‹.
›Folgendes ist mir noch nicht verständlich...!‹
Die Reflexionspartner sollen zunächst nur Fragen zum Verständnis und Einblick in die Situationszusammenhänge stellen und auf keinen Fall vorzeitig Ratschläge, Lösungsideen und Bewertungen hinsichtlich des Verhaltens des Einbringers ›an den Mann/ die Frau bringen.‹
Zu frühe und bisherige Deutungen der Zusammenhänge verhindern oftmals neue, wichtige und not-wendige [sic] Wahrnehmungen bedeutsamer Spuren in der dargestellten Szene. Die Fragen zum Verstehen der Situation beinhalten bereits eine Erweiterung der Sichtweise für die zu bearbeitende Situation.
Die Situation muss zunächst verstanden sein, dann kann sie re-flektiert [sic] werden. Sonst bliebe sie zu stark der Projektion ausgesetzt« (Fallner & Gräßlin 1990, 35, Hervorhebungen im Original).

Die Ablaufstruktur ist ein wichtiges Instrument, um Kompetenzen, die in der Supervision die externe leitende Person mitbringt, zu ersetzen. Inwiefern damit eine vollständige Kompensation der Kompetenzen erfolgen kann, wird im Diskurs zu Kollegialer Beratung immer wieder kritisch diskutiert (Tietze 2010, 76).

Tietze zeigt auf, dass trotz des festen Ablaufschemas durchaus *Gestaltungsspielräume* vorhanden sind. Die Art und Weise, wie diese genutzt werden, können die Fallarbeit positiv oder negativ beeinflussen. Der Beratungsprozess ist nicht so stark vorherbestimmt, wie es das Vorhandensein einer Ablaufstruktur suggeriert. Die Ausgestaltung des Problemlösepro-

4.3 Ablaufschema als Garant der beiden Funktionen von Fallarbeit

zesses beinhaltet viele unbestimmte Variablen, die auf das Gelingen und die Güte der Problemlösung Einfluss nehmen. Die falleinbringende Person strukturiert durch ihre Art der Falldarstellung (sehr ausschweifend, sehr komprimiert, sehr sachlich, sehr emotional) bereits den Beratungsprozess vor und wird von den Beratenden durch Zuhören und Nachfragen unterstützt. Beides beinhaltet Gestaltungsspielräume, die von den Beteiligten ausgefüllt werden und Einfluss auf die Beratung haben. Auch die Reaktion der Gruppe auf die Falldarstellung beinhaltet solche Gestaltungsspielräume und wird von Tietze als »eine Art Tanz der Themen zwischen Beratenem und Gruppe« (ebd., 78) bezeichnet, der das »eigentliche Angebot der Gruppe« (ebd.) darstelle. So kann es in einer Gruppe mit beratungsunerfahrenen Mitgliedern trotz der Anweisungen, nicht vorschnell zu deuten und zunächst zu versuchen zu verstehen, sehr schnell zu Lösungsvorschlägen kommen und somit eine Analyse und Reflexion verhindert werden. Und in einer bereits lange existierenden, beratungserfahrenen Gruppe kann das Gefühl, die blinden Flecke und Themen der anderen ja mittlerweile zu kennen, zu einem vorschnellen Deuten in diese Richtung führen und wichtige andere Wahrnehmungen verhindern. Das Einhalten der Vorgaben der Ablaufstruktur auf der einen und das Ausfüllen der Gestaltungsspielräume auf der anderen Seite haben demnach Anteil am Erfolg Kollegialer Beratungsprozesse (vgl. ebd., 79).

Praxistipp

Die Gruppe kann die Reflexion des Beratungsprozesses in der Abschlussphase nutzen, um Schwachstellen im Beratungsprozess herauszuarbeiten. Dafür braucht es aber jemanden, der diese erkennt und benennt, und eine Gruppe, die dazu bereit ist. Eine andere Möglichkeit ist es, diese Reflexion als Gruppe mithilfe von Supervision durchzuführen.

Auf den Punkt gebracht

Die Fallarbeit der Kollegialen Beratung beinhaltet eine diagnostisch orientierte, verstehende und eine handlungsorientierte, aktionale

Funktion. In der verstehenden Funktion geht es darum, die subjektiven Deutungsmuster der falleinbringenden Person und die Interaktions- und Beziehungsdynamiken der am Fall Beteiligten herauszuarbeiten. Das aktive Zuhören, der Dialog und das Fragen stellen hierfür wichtiges Handwerkszeug dar. Die verstehende Funktion stellt die Basis für das Entwickeln alternativer Handlungsmöglichkeiten und damit die Grundlage für die handlungsorientierte Funktion der Fallarbeit dar. In der Fallarbeit vermischen sich die Kommunikationsebenen von Fallinhalt, Gruppen- und Beratungsprozess. Die Ablaufsystematik mit den einzelnen, teilweise kleingliedrigen Phasen und die genauen Handlungsanweisungen und vorgegebenen Verbalisierungen helfen, die richtige Kommunikation zur richtigen Zeit zu betreiben.

Reflexionsfragen

- Beschreiben Sie mit eigenen Worten und anhand von Beispielen, was der Fall erster, zweiter und dritter Ordnung ist!
- Kreieren Sie einen Fall, bei dem der Fokus in der Fallberatung ggf. zu sehr auf die handlungsorientierte Funktion gelegt werden könnte!
- Nehmen Sie sich das Buch »Kollegiale Beratung. Problemlösungen gemeinsam entwickeln« von Tietze! Lesen Sie sich die genaue Beschreibung der Phase durch und ordnen Sie die einzelnen Handlungen und Anweisungen den drei Ebenen Fallinhalt, Beratungsprozess und Gruppenprozess zu!

Weiterführende Literatur

- Zum Verstehen in der Beratung: Bauer, Annemarie, Gröning, Katharina, Hoffmann, Cornelia & Kunstmann, Anne-Christin (2012): Grundwissen Pädagogische Beratung. Göttingen: Vandenhoeck & Ruprecht.

5 Worauf gründet sich Kollegiale Beratung?

> ☞ **Überblick**
>
> In diesem Kapitel erfahren Sie, dass es bisher keine konsistente theoretische Fundierung Kollegialer Beratung gibt, sondern auf sehr unterschiedliches Wissen zurückgegriffen wird. Auf der einen Seite werden theoretische Ansätze und Schulen aus Therapie und Beratung, wie das Systemische oder das Analytische, auf die Kollegiale Beratung übertragen. Auf der anderen Seite wird hier, ganz anders als im deutschen Diskurs der Supervision, auf verschiedene Lerntheorien zurückgegriffen. Hinzu kommt der Ansatz der subjektiven Theorien, der dem Menschen Reflexionsfähigkeit und damit Steuerungsfähigkeit bezogen auf sein Handeln attestiert.

Da Kollegiale Beratung ein Beratungsformat darstellt und große Überschneidungen zur Fallsupervision aufweist, ergeben sich auch für die methodischen und theoretischen Bezüge Parallelen zur Beratung. Für die Beratungsarbeit hat sich mittlerweile eine eigene Beratungswissenschaft entwickelt, die zur Professionalisierung von Beratung und Supervision beiträgt. Diese ist aber noch verhältnismäßig jung und konzentriert sich eher auf Felder wie die pädagogische oder die arbeitsbezogene Beratung (Supervision, Coaching, Organisationsberatung). Für die Kollegiale Beratung gibt es bisher nahezu keinen wissenschaftlichen Theoriediskurs (vgl. Kühl & Schäfer 2020, 21). »Das theoretische Fundament ist bisher schmal« (Tietze 2010, 11). Es handelt sich um ein Format, das in der Praxis entwickelt und später konzeptualisiert wurde und zu dem es zahlreiche Praxisbücher gibt. In den letzten Jahren ist das wissenschaftliche Interesse an

Kollegialer Beratung allerdings gestiegen, sodass inzwischen einige Forschungsarbeiten vorliegen (vgl. unter anderem Tietze 2010, Linderkamp 2011, Roddewig 2016).

5.1 Übertragung bereits vorhandener Therapie- und Beratungsansätze auf Kollegiale Beratung

Es ist nicht verwunderlich, dass sich mehrere Konzepte Kollegialer Beratung an methodische Ansätze und theoretische Wurzeln aus Beratung und Supervision anlehnen. Die aus der Psychotherapie bekannten unterschiedlichen Schulen und Ansätze wurden für die Beratung modifiziert und so finden sich z. B. in der Supervision, als arbeitsbezogener Beratung, systemische, psychoanalytische, psychodramatische und andere Ansätze, die anschließend ebenfalls auf das Format der Kollegialen Beratung übertragen wurden.

Der *systemische Beratungsansatz* beispielsweise ist von der Grundlagentheorie des Konstruktivismus geprägt. Zentraler Aspekt dessen ist die Annahme, dass es keine absolute Wahrheit und empirische Objektivität gibt, sondern jede Wahrnehmung der Wirklichkeit subjektiv ist und eine Konstruktion darstellt. Dieser Aspekt ist für das von Scholar entwickelte Modell Kollegialer Beratung zentral. Dieser bezeichnet den gesamten kollegialen Beratungsprozess als »ein kritisches Hinterfragen bisheriger ›Wirklichkeitskonstruktionen‹ eines Ratsuchenden [...]. Dessen Wirklichkeitswahrnehmung kann z. B. durch gezieltes *systemisches Fragen* durch die Berater [...] ›irritiert‹ werden« (Scholar 2013, 496). Für Scholar ermöglicht vor allem die konstruktivistische Lerntheorie, die besagt, dass Wissen selbst erzeugt und konstruktiv verarbeitet werden sollte, ein vertieftes Verstehen kollegialer Beratungsprozesse (vgl. ebd., 490).

Herwig-Lempp (2016) schildert, wie das Team einer Sozialpädagogischen Familienhilfe, dem er angehörte, eine hohe Unzufriedenheit mit

5.1 Übertragung bereits vorhandener Therapie- und Beratungsansätze

dem Besprechen von Fällen innerhalb der eigenen Teamsitzungen erlebte. Diese Unzufriedenheit führte dazu, dass das Team zum einen begann, den Fallbesprechungen experimentierend eine Struktur zu geben. Zum anderen wendeten sie systemische Methoden aus dem eigenen Arbeitsalltag an, um die jeweiligen Beratungsanfragen zu bearbeiten (Skulpturarbeit, Skalierungsfragen, Erfolgsrunde, Reflecting Team, …). Zusammen mit Kolleg*innen führte Herwig-Lempp andere auf Seminaren in das so entstandene Modell Kollegialer Beratung ein und entwickelte es immer weiter. Methodische Grundprinzipien des systemischen Ansatzes, wie die Lösungs- und Ressourcenorientierung, spielen darin eine zentrale Rolle (vgl. ebd., 64 ff.).

Neben den systemischen Ansätzen finden aber durchaus auch *psychoanalytisch orientierte Konzepte* Eingang in die Kollegiale Beratung. Ebenso wie in der Fallsupervision spielt hier das Modell der Balint-Gruppen des Arztes Michael Balint eine entscheidende Rolle (vgl. Schlee 2019, Tietze 2010, Schindler 2020). Das Vorgehen von Balint ist durch das freie Erzählen des Falles durch die falleinbringende Person, das anschließende freie Assoziieren der anderen Teilnehmenden und die daran anschließenden Deutungen der Übertragungen und Gegenübertragungen gekennzeichnet (vgl. Althoff 2020, 353).

Übertragung

Hier werden Beziehungsmuster, die ein Mensch im Laufe seiner Biografie erfahren und verinnerlicht hat, wiederholt und neu inszeniert, also in etwas anderer, meist verzerrter Form dargestellt. Die Beziehungsmuster werden auf das jeweilige Gegenüber, also z. B. den*die Analytiker*in, übertragen. »Die vergangene Situation und die darin liegende Beziehung ist mit Affekten verbunden, die sich nun in der Beziehung zur_zum Analytiker_in wiederholen« (Althoff 2020, 334). Dass dies geschieht, ist der Person nicht bewusst.

Gegenübertragung

Der*die Analytiker*in reagiert auf die Übertragung des Gegenübers wiederum mit unbewussten Affekten, Fantasien und Reaktionen. Dass sich die durch die Inszenierung des Gegenübers ausgelösten Affekte häufig fremd und irritierend anfühlen, dient dazu, zu erkennen, dass es sich hier um das Phänomen von Übertragung und Gegenübertragung handelt. Affekte und Verhaltensweisen beider Interaktionspartner*innen können gedeutet werden und helfen damit, den inneren Zustand des*der Analysand*in besser zu verstehen (vgl. Althoff 2020, 337).

Beispiel:
Übertragung: Die Adressatin hat sehr mächtige und dominante Beziehungsmuster erlebt. Die Angst aus diesen Beziehungserfahrungen überträgt sie auf die sozialarbeiterischen Fachkräfte, die sie als bedrohlich erlebt. *Gegenübertragung:* Die Fachkraft reagiert auf die Angst, die sie spürt, indem sie sich als böse, gemeine Vaterfigur erlebt (vgl. Glenn 2022, 198 f.).

Für die Fallsupervision erläutert Althoff, dass Übertragung und Gegenübertragung auf den drei Ebenen (1) Beziehungen der am Fall beteiligten Adressat*innen, (2) Beziehung zwischen Adressat*in und Sozialarbeiter*in, (3) Beziehung zwischen Sozialarbeiter*in und Supervisor*in geschieht (vgl. Althoff 2020, 339).

Für Gudjons bestimmen die methodischen Schritte der Balint-Gruppe wie z. B. das freie Assoziieren und die Arbeit mit dem Spiegelungsphänomen den praktischen Ablauf der Gruppenarbeit. So wird in seinem Modell Kollegialer Beratung nach dem Fallbericht eine Blitzlichtrunde zu der Frage »Was hat der Fall in mir ausgelöst, wie fühle ich mich jetzt?« (Gudjons 1983, 261) durchgeführt. Daran anschließend wird in einer nächsten Runde der Blick auf die Art und Weise der Falldarstellung gelenkt. Akzentuierungen, Auslassungen, Widersprüche in der Falldarstellung und körperliche Signale wie Tonfall oder Körperhaltung spielen hier eine Rolle. In einem vierten Schritt werden dann Phantasien, Gefühle, Bilder und Identifikationen benannt (vgl. ebd., 258–261). Gerhard Spangler nimmt in seinem 2012 entwickelten ›Heilsbronner Modell‹ ebenfalls das freie Assoziieren als eigenständige Phase in sein Ablaufschema Kollegialer Beratung auf (vgl. Spangler 2012, 51 f.). Und auch Schrapper und Kolleg*innen richten ihr Modell an der Balintarbeit und an Konzepten und Methoden psychoanalytischer Pädagogik aus. Wie bei Balint geht es ihnen darum, die Beziehungsdynamik im Fall sichtbar zu machen und zu einem szenischen Fallverstehen zu kommen. In einer Identifikationsrunde »werden die beteiligten Personen im Familiensystem möglichst vollständig und aus dem Hilfesystem die zentralen Fachkräfte stellvertretend von jeweils einem Mitglied der Beratungsgruppe übernommen« (Ader & Schrapper 2022, 87). Ziel der Runde ist es, die Beziehungsmuster und Gefühle zu rekonstruieren und erlebbar zu machen. Im nächsten Schritt werden Bilder, Stimmungen und Assoziationen, die in der Identifikationsrunde entstanden sind, in der Gruppe zusammengetragen. Weiterhin ist den Autor*innen wichtig, das Spiegelungsphänomen zum Verstehen zu nutzen, weil sich Dynamiken und Gefühle wie Ängste und Überforderungen des Adressat*innensystems im Helfer*innensystem spiegeln.

Spiegelungsphänomen

Bezeichnet den Zusammenhang zwischen dem Bericht über eine als problematisch erlebte Situation (Fallbericht) und dem Geschehen in der Beratungsgruppe. Das der professionellen Beziehung zugrunde liegende Beziehungsmuster mit den dazugehörigen Problemen und Affekten spiegelt sich. Meistens geschieht dies spiegelverkehrt. Die falleinbringende Person übernimmt die Position seines*seiner Adressat*in und die Gruppenmitglieder die Position der falleinbringenden Person. Die Spiegelung ermöglicht einen Zugang zum Fall auf der Erlebensebene (vgl. Rappe-Giesecke 2009, 132 ff.).

Neben dem Systemischen und dem Analytischen lassen sich *zahlreiche weitere Ansätze* aus Supervision, Beratung und Therapie in kollegialen Beratungsmodellen wiederfinden. Tietze listet eine Vielzahl an Modellen mit ihren jeweiligen supervisorischen, beraterischen oder therapeutischen Theoriebezügen auf. Er kritisiert, dass dabei lediglich eine sehr allgemein gehaltene Bezogenheit zwischen den Theorien und dem Format der Kollegialen Beratung hergestellt wird, die die spezifischen Charakteristika dieser, wie die systematische Ablaufstruktur und den Verzicht auf eine*n leitende*n Expert*in, nicht berücksichtigt (vgl. Tietze 2010, 49 f.). Es fehlt eine Reflexion der Frage, was sich verändert, wenn Methoden aus der Beratungsarbeit, hinter denen theoretische Bezüge und damit verbundene Haltungen stehen, auf leiterlose und laienhafte Gruppen übertragen werden, die in eben dieser Methodik nicht geschult sind. Schlee formuliert, dass für die Arbeit mit Übertragungsphänomenen, wie sie in Balint-Gruppen geschehen, die Anwesenheit kompetenter Psychoanalytiker*innen notwendig sei. Gleichzeitig weist er darauf hin, dass Analytiker*innen sich selbst auch als Lernende verstehen und außerdem immer mehr Balint-Gruppen »sich mehr an das von Balint vorgeschlagene äußere Prozedere als an die reine Lehre der Psychoanalyse halten« (Schlee 2019, 30). Hier wird die insgesamt zunehmende technizistische Haltung in der Beratung sichtbar, die Techniken mehr Bedeutung beimisst als Theorien und dahinterstehenden Haltungen.

Auch interessant ist in dieser Hinsicht ein von Schindler verfasster Kommentar auf der Homepage von Wagenfeld. Wagenfeld empfiehlt auf ihrer Coaching-Homepage das Buch »Systemisches Fragen in der kollegialen Beratung« von Patrzek und Scholer (2018). Die sich darunter befindende Kommentarfunktion wird von Schindler, der zusammen mit Spangler das ›Heilsbronner Modell‹ weiterentwickelt hat, genutzt. Schindler kritisiert mit dem Kommentar die einseitige Verwendung bestimmter methodischer Ansätze in der Kollegialen Beratung:

»Systemische Berater*innen dringen durch die Hintertür in eine als peer-to-peer-konzipierte Methode ein. [...] Aus unserer Erfahrung der Evaluation Kollegialer Beratung nach dem ›Heilsbronner Modell‹ wird als entlastend und ermutigend beschrieben, dass gerade keine besonders qualifizierten Fragetechniken an die Fallgeber*in erforderlich waren, weder ›systemisch‹ noch sonst einem Konzept verpflichtet – und dennoch überraschend reichhaltige und weiterführende Lösungsschritte gefunden wurden« (Schindler 2019).

Im weiteren Verlauf des Kommentars bezieht er sich auf die Tatsache, dass in mehreren Modellen Kollegialer Beratung die Gruppe den Auftrag hat, sich in der Beratungsphase aus einem Pool an Beratungsmethoden eine oder mehrere Methoden auszuwählen und diese gemeinsam durchzuführen. Bei Herwig-Lempp z. B. handelt es sich hierbei überwiegend um systemische Methoden wie z. B. das zirkuläre Fragen. Im Heilsbronner Modell hingegen gibt es diesen Schritt nicht. Schindler schreibt daher in dem erwähnten Kommentar weiter: »Der Verzicht auf Auswahl, Einigung und Anwendung spezieller Beratungsmethoden ermöglicht Fallberatung ohne externe Experten, peer to peer – ein Prozess, der als intendiertes Empowerment verstanden werden kann« (ebd.).

Dieser Kritik an der einseitigen Verwendung therapeutisch-beraterischer Methoden verbunden mit dem Hinweis auf den Empowerment-Charakter der Kollegialen Beratung ist grundsätzlich zuzustimmen. Hier darf aber nicht übersehen werden, dass das ›Heilsbronner Modell‹, an dessen Weiterentwicklung Schindler maßgeblich mitwirkt, von den Autoren selbst als analytisch fundiertes Modell bezeichnet wird (vgl. Schindler & Spangler 2022, 4) und der vierte Schritt in ihrem Modell, das Sammeln von Einfällen, an die Methodik der Balint-Gruppenarbeit angelehnt ist. Die Aussage, dass die Arbeit mit diesem Modell keinem Konzept verpflichtet sei, ist demnach stark zu hinterfragen. Es ist vielmehr zu vermuten, dass hier unter dem Deckmantel des Empowerment-Argumentes der Streit zwischen der systemischen und der analytischen Schule, wie er schon für das Arbeitsfeld der Therapie und später der Beratung stattgefunden hat, weiter fortgesetzt wird.

5.2 Das Forschungsprogramm Subjektive Theorie

Außer den Theoriebezügen aus verschiedenen Therapie- und Beratungsansätzen werden darüber hinaus vor allem noch Bezüge zum Forschungsprogramm Subjektive Theorie (vgl. Schlee 2019, Mutzeck 2008, Tietze 2010) hergestellt. Für Schlee sind die Menschenbildannahmen des Forschungsprogramms Subjektive Theorie, das er zusammen mit Groeben, Wahl, Schlee und Scheele entwickelt hat, Grundlage für sein Modell Kollegialer Beratung.

Diese Annahmen sehen den Menschen als handelndes Subjekt an. Handlungen stellen ein Verhalten dar, das mit einer Absicht und einem Sinn verbunden ist. Handeln verfolgt also immer ein Ziel und hinter jeder Handlung verbergen sich bestimmte Motive und Interessen. Der Handlungsbegriff grenzt sich damit vom Verhaltensbegriff ab. Der Verhaltensbegriff konzentriert sich auf das von außen Beobachtbare und damit auf die motorischen Bewegungen des Körpers. Der Mensch wird hier als von seiner Umwelt und Reizreaktionen der Umwelt abhängig angesehen (vgl. Groeben, Wahl, Schlee & Scheele 1988, 12ff.). Handlungen werden zwar in Verhaltensaspekten sicht- und greifbar, der Sinn hinter dem Handeln lässt sich »aber nicht wie das manifeste Verhalten auf direktem Weg beobachten« (ebd., 15). Welches Weltbild und welcher vom jeweiligen Subjekt konstruierte Sinn sich hinter einer Handlung verbirgt, kann nur interpretativ erschlossen oder im Dialog rekonstruiert werden. »Handlungen existieren also im Gegensatz zu Verhaltensweisen nicht als intersubjektiv beobachtbare Größen, sondern nur als subjektiv-interpretative Beschreibungen« (ebd., 15).

5.3 Lerntheorien

Interessant ist, dass Kollegiale Beratung eher mit Lernen und damit mit Lerntheorien in Verbindung gebracht wird als die Supervision selbst – zumindest bezogen auf den deutschen Diskurs. Louis Lowy, der als ein entscheidender Wegbereiter der Supervision in Deutschland gesehen wird (vgl. Stenzel 2019, 17), entwickelt Supervision als agogischen Lehr-Lernprozess (vgl. ebd., 25ff.). Bezogen auf die Frage, was aus diesem Konzept geworden ist, resümiert Stenzel, dass in den Niederlanden Lerntheorien für das dortige Supervisionsmodell von zentraler Bedeutung sind, der Begriff des Lernens in der deutschen Supervisionstheorie aber negativ, als das »Noch – Nicht – Können« (ebd., 29) konnotiert zu sein scheint. Sie verweist auf Ausführungen eines niederländischen Autors: »Van Kessel spricht davon [sic] ›*dass Lernen ... als Einengung erlebt*‹ wird, da es ›*nicht mit Arbeit*

5.3 Lerntheorien

und der dazugehörigen Anerkennung durch Status und Entlohnung verknüpft‹ ist« (van Kessel 1998, 47 zit. n. Stenzel 2019, 29, Hervorhebungen im Original). Das änderte sich, als der Begriff der lernenden Organisation und das Beratungsformat Coaching populär wurden. »Eingebunden in Methoden der Organisationsberatung, -entwicklung, des modernen Managements, als Führungs- und Karriereberatung scheint die Rolle der/des Lernenden eher akzeptabel« (Stenzel 2019, 26). Autor*innen wie Linderkamp, die Kollegiale Beratung als Teil von Human Resource Development (HRD) ansieht (vgl. Linderkamp 2011, 123), oder Tietze, der Kollegiale Beratung als Personalentwicklung betrachtet (vgl. Tietze 2010), greifen dementsprechend auf Lerntheorien zurück. Rotering-Steinberg (1983), die ebenfalls einen Bezug zu Lerntheorien herstellt, entwickelt Kollegiale Beratung für Lehrer*innen, also für ein Arbeitsfeld, in dem es primär um Lernen geht.

Rotering-Steinberg bezieht sich auf die sozial-kognitive Lerntheorie nach Bandura, die auch als Modelllernen oder stellvertretendes Lernen bezeichnet wird (vgl. ebd., 71 ff.). Lernen geschieht hier durch das Beobachten von Verhalten anderer Menschen, die als Vorbilder dienen. Der zentrale soziale Aspekt der Theorie besteht in der Auffassung des Menschen als aktiv Lernendem und sich mit seiner Umwelt Auseinandersetzendem. Der zentrale kognitive Aspekt findet sich in dem Gedanken, dass der Mensch sein Handeln reflektieren und selbst regulieren kann. In der Kollegialen Beratung geschieht stellvertretendes Lernen z. B. durch die Reflexion der eingebrachten Fälle und die gemeinsamen Überlegungen zu alternativen Handlungsmöglichkeiten bezogen auf das eingebrachte Problem. Die Teilnehmenden beobachten im Zuhören die persönliche Perspektive und Sichtweise der falleinbringenden Person auf den Fall sowie die durch die Reflexion und den Austausch erarbeiteten alternativen Handlungsmöglichkeiten. Die erfahrenen Sichtweisen und Deutungsmöglichkeiten können auf eigene, bereits erlebte Situationen übertragen werden oder in nachträglich erfahrenen Situationen wieder abgerufen werden. Durch Mitwirkung oder auch nur die Beobachtung des Problemlöseprozesses in der Kollegialen Beratung lässt sich das eigene Repertoire an Deutungs- und Verhaltensmöglichkeiten erweitern (vgl. Tietze 2010, 45 f.; Rotering-Steinberg 1985, 62 f.).

Für Tietze stellt neben den Theorien des stellvertretenden Lernens nach Bandura und des Forschungsprogramms Subjektive Theorie das erfahrungsbasierte Lernen die dritte relevante Theorie dar (vgl. Tietze 2010, 46 ff.). Erfahrungsbasiertes Lernen gründet auf der Annahme, das Lernen erst durch konkrete Erfahrungen und die unmittelbare, aktive und reflexive Auseinandersetzung mit einem Lerngegenstand bzw. einem konkreten Erlebnis möglich wird. Die lernende Person steht als Akteur*in im Mittelpunkt dieses Prozesses. Nach Dewey, einem wichtigen Vertreter der Lerntheorie, stellen Problemsituationen lediglich die Ausgangssituation von Lernen dar. Die Reflexion des Erlebten ermöglicht dann erst das Lernen an sich und führt zu einem Mehr an Wissen. David Kolb entwickelt den erfahrungsbasierten Lernzyklus mit den vier Schritten:

1. Konkrete Erfahrung
2. Beobachtung und Reflexion
3. Abstrakte Begriffsbildung
4. Aktives Experimentieren

Seine Aushandlungen beziehen sich auf Erkenntnisse von Dewey und Lewin und entwickeln diese weiter. Die konkrete Erfahrung bildet den Ausgangspunkt. In der Reflexion führt sich die lernende Person das Erlebte nochmal vor Augen und versucht durch mentales Durchspielen von Ursachen das Erlebte besser zu verstehen. Am Ende ermöglicht der Reflexionsprozess, dass von der konkreten Erfahrung abstrahiert wird und der Erfahrung zugrunde liegende Prinzipien erkannt werden können. Dadurch werden die aus der Erfahrung gewonnenen Erkenntnisse zu Wissen, das auf andere Situationen übertragbar ist. Im letzten Schritt des Zyklus wird der Lernende wieder zum Handelnden, der mit dem neu gewonnenen Wissen experimentiert (vgl. Remhof & Ayoub 2021, 406).

Kühl und Schäfer und Westphal fokussieren auf selbstorganisiertes bzw. selbstgesteuertes Lernen. Ursprünglich hierarchisch organisierte Arbeitssysteme werden zunehmend von Strukturen mit mehr Eigenverantwortung abgelöst, die ein schnelles und selbstständiges Treffen von Entscheidungen und Lösen von Konflikten und Problemen ermöglichen (vgl. Kühl & Schäfer 2020, 27 ff.). Westphal bezieht sich auf Knowles Definition selbstgesteuerten Lernens, die Self-directed Learning als aktives Lernen im fragenden Austausch mit anderen betrachtet. Dieser Ansatz einer theoretischen Fundierung greift den Empowerment-Charakter und damit den speziellen Charakter Kollegialer Beratung auf (vgl. Westphal 2016, 42 ff.).

Auf den Punkt gebracht

Der derzeitige Stand in Wissenschaft und Forschung ist von einer theoretischen Fundierung Kollegialer Beratung noch weit entfernt. Vielmehr werden Ansätze aus Therapie und Beratung, häufig pragmatisch und dadurch unreflektiert, übertragen und diese Ansätze in ihrer Bedeutung damit auf die Durchführungen von Techniken reduziert. Die Annahme, dass der Mensch sein Handeln reflektieren und selbst regulieren kann, stellt eine wichtige gemeinsame Grundlage mehrerer Theorien dar. Dies wird auch mit Lernen in Verbindung gebracht, sodass Lerntheorien wie das stellvertretende oder das erfahrungsbasierte Lernen eine wichtige theoretische Grundlage für die Idee der Reflexion beruflichen Handelns darstellen. Die subjektive Theorie geht davon aus, dass hinter jeder menschlichen Handlung ein subjektiver Sinn steckt, der nur im Dialog rekonstruiert und interpretativ erschlossen werden kann. Kollegiale Beratung kann dann dazu beitragen die subjektiven Deutungen, die für die Situation nicht hilfreich sind, mit anderen Sichtweisen und Deutungen zu konfrontieren und so zu einer Veränderung der subjektiven Theorien beizutragen.

Reflexionsfragen

- Was ist problematisch daran, Techniken aus Therapie und Beratung einfach auf Kollegiale Beratung zu übertragen? Lassen sich auch Argumente für eine Übertragung finden?
- Wofür ist es wichtig, die Wurzeln, aus denen sich ein Format, wie die Kollegiale Beratung, entwickelt, zu kennen?

Weiterführende Literatur

- Zum Forschungsprogramm »Subjektive Theorie«: Schlee, Jörg (2019): Kollegiale Beratung und Supervision für pädagogische Berufe. Hilfe zur Selbsthilfe. Ein Arbeitsbuch (4., erweiterte Auflage). Stuttgart: Kohlhammer.
- Zur theoretischen Fundierung von Fallarbeit: Althoff, Monika (2020): Fallsupervision. Diskursgeschichte und Positionsbestimmung. Gießen: Psychosozial Verlag.

6 Wie steht Kollegiale Beratung zu den benachbarten Formaten Supervision und Coaching?

> **☞ Überblick**
>
> In diesem Kapitel erfahren Sie, wie die arbeitsbezogenen Beratungsformate Supervision und Coaching das Format der Kollegialen Beratung beeinflusst und verändert haben. Es wird der Frage nachgegangen, wie sich die drei Formate zueinander verhalten. Worin liegen Gemeinsamkeiten, worin Unterschiede? Wie können die Formate in der Sozialen Arbeit sinnvoll nebeneinander verwendet werden?

6.1 Kollegiale Beratung und Supervision

Welche Gemeinsamkeiten haben Supervision und Kollegiale Beratung?

Kollegiale Beratung und Supervision, und hier vor allem die Fallsupervision, weisen viele Gemeinsamkeiten, aber auch deutliche Unterschiede auf. Das Einbringen berufsbezogener Fälle und das Arbeiten in der Gruppe (▶ Kap. 1.2) stellen die offensichtlichsten Gemeinsamkeiten dar. Bezogen auf die Ablaufsystematik (▶ Kap. 3) wurde bereits aufgezeigt, dass sich die Ablaufschemata Kollegialer Beratung an der Normform des Ablaufs von Fallarbeit in der Supervision orientieren. Während in der Kollegialen Beratung häufig für alle Teilnehmenden bewusst wahrnehmbar mit der

Ablaufsystematik gearbeitet wird, z.B. in Form eines Ablaufzettels, geschieht dies in der Supervision deutlich weniger bewusst. Häufig kann ausschließlich die supervidierende Person auf Wissensbestände zu Ablaufstrukturen zurückgreifen.

Thiel (1994) zeigt weitere Strukturähnlichkeiten zwischen beiden Formen arbeitsbezogener Beratung auf, z.b. das zugrunde gelegte Menschenbild. Der Mensch wird als Subjekt angesehen, welches zur Rationalität, Reflexivität und Kommunikation fähig ist und dessen Handeln unter anderem durch subjektive Welt- und Deutungskonstruktionen gelenkt wird (vgl. Thiel 1994, 204, ► Kap. 4.1). Da Menschenbilder auf Theorien fußen, ist es nur logisch, dass sich, wenigstens teilweise, auch in der theoretischen Fundierung beider Formen identische Bezugnahmen beobachten lassen (► Kap. 5). Dies hat wiederum eine weitere Strukturähnlichkeit zur Folge, nämlich die der Begegnung auf Augenhöhe von Ratsuchenden und Beratenden. In der Supervision befindet sich der*die Supervisor*in durch die festgelegte Rolle als Beratende zwar dauerhaft auf einer Seite der in der Beratungsinteraktion entstehenden Asymmetrie, dennoch trägt der emanzipatorische Charakter der Supervision und ihre Ausrichtung auf Mündigkeit der Ratsuchenden dazu bei, dass diese Asymmetrie möglichst geringgehalten wird und sich nicht auf die Expertise der Fachlichkeit fokussiert. Vielmehr handelt es sich hier um das »Zusammentreffen zweier unterschiedlicher Experten-Systeme« (Hargens & Grau 1992, 235 zit. n. Thiel 1994, 204). In der Kollegialen Beratung ist dieser Aspekt eines »beruflich-kollegialen Verhältnisses« (Thiel 1994, 204) dennoch deutlich ausgeprägter vorhanden.

Die Strukturähnlichkeit der Begegnung auf Augenhöhe verweist gleichzeitig auf den offensichtlichsten Unterschied zwischen diesen beiden Formen arbeitsbezogener Beratung: Die vorhandene oder eben gerade nicht vorhandene Wechselseitigkeit der Rollen (► Kap. 1.2). Während in der Kollegialen Beratung die Teilnehmenden zwischen den Rollen als ratsuchende bzw. beratende Mitglieder permanent wechseln, sind die Rollen in der Supervision dauerhaft festgelegt.

Wie lassen sich diese Gemeinsamkeiten erklären?

Schaut man sich den Entstehungskontext und die Ausführungen zu den ersten in Deutschland entwickelten Modellen Kollegialer Beratung an, wird deutlich, dass Kollegiale Beratung, zumindest teilweise, aus der Supervision heraus und als spezielle Supervisionsform entwickelt worden ist.

Die ersten Konzepte Kollegialer Beratung entstehen in Deutschland in den 70er Jahren des letzten Jahrhunderts (vgl. ebd., 185). In dieser Zeit wird der Fallarbeit in Einzel- und Gruppensupervision eine hohe Bedeutung zugesprochen, was laut Thiel zur Entstehung und Weiterentwicklung der Kollegialen Beratung beiträgt. Gudjons entwickelt 1977 im Bereich der Schulpädagogik eines der ersten Konzepte psychoanalytisch orientierter kollegialer Fallbesprechung (vgl. ebd., 186). Gudjons benennt die vier Elemente »Berufsbezug«, »Selbsterfahrung«, »Fallbesprechung« und »Lehrergruppen«, die sein Konzept charakterisieren. Die Fallbesprechung stellt dabei nach seinen Worten das »Herzstück« (Gudjons 1983, 258) dar, mit dem »die Gruppenarbeit von der Konzeption her in die Nähe der in Sozialarbeit, Psychotherapie und im Beratungsbereich praktizierten Supervisionspraxis« (ebd.) rückt. Ihm ist dabei die »Gesellschaftlichkeit psychologischer Strukturen« (ebd., 259) wichtig, die eine Individualisierung von Problemen und Konflikten ablehnt und diese stattdessen als komplexes Gefüge verschiedener Bedingungsebenen sieht. »Unbewusste und bewusste Handlungsstrategien des Lehrers [sind] immer auch psychischer Niederschlag der *äußeren Bedingungen* seines Berufsfeldes und seiner berufsspezifischen Rolle und Funktion als *Lehrer*« (ebd., Hervorhebungen im Original). Für ihn grenzt gerade dieser Aspekt der Gesellschaftlichkeit das Konzept Kollegialer Beratung vom Konzept der Balint-Gruppenarbeit ab. Folgt man den beratungswissenschaftlichen Ausführungen von Gröning (2013, 159 f.), die gerade in der Gesellschaftlichkeit eine wichtige Funktion von Supervision sieht, stellt Gudjons Konzept mit seinen verschiedenen Theoriebezügen gerade keine Abgrenzung zu Supervision, sondern eher eine Gemeinsamkeit mit Supervision dar. Auch die Tatsache, dass die methodischen Schritte der Balint-Gruppe und die Stufen der Supervisionstechnik nach Heigl-Evers (1975) den praktischen Ablauf der Kollegialen Beratung bestimmen (vgl. Gudjons 1983, 259 f.) und Gudjons schreibt, dass die Adressat*innen sich zur »Peer-Supervision« zusammenfinden, zeigt die große Nähe zur Supervision.

Nur einen Satz später betitelt Gudjons die Fallbesprechungen als »Lehrer-Selbsthilfe-Gruppen« und drückt damit die Nähe zu einem weiteren Konzept, nämlich dem der Selbsthilfe, aus. Die Selbsthilfe wird durch die Entwicklung eines Leitfadens für Fallbesprechungsgruppen ermöglicht (ebd., 260).

1983 entwickelte Rotering-Steinberg ein »Selbsttrainingsprogramm, in dessen Zentrum die Kollegiale Praxisberatung für Lehrerinnen und Lehrer stand« (Rotering-Steinberg 2001). Nicht durchgängig, aber wiederkehrend bezeichnet sie das Modell als Kollegiale Supervision (1985, 1990, 2001, 2005). In einem 2001 verfassten eigenen Rückblick auf 20 Jahre Erfahrung mit dem »Modell der selbstgeleiteten oder angeleiteten Kollegialen Supervision (peer group supervision)« (Rotering-Steinberg 2001, 379) benennt sie ihre eigenen Erfahrungen mit Kollegialen Supervisionsgruppen während ihrer Ausbildung und Arbeit als Gesprächspsychotherapeutin als wichtigen Impulsgeber für das entwickelte Modell des Lehrer*innen-Trainings (vgl. Rotering-Steinberg 2001, 379). Motivator zur Erarbeitung eines solchen Trainings waren dabei vor allem die eigenen negativen Erfahrungen. Sie erlebte Kollegiale Supervisionen als »unstrukturierte und zufällige sozial-kognitive Lernsituation« (Rotering-Steinberg 1999, 1), als »angelesene[] und naiv ausgeübte[] Selbsterfahrung und ungesteuerte Gruppendynamik« (ebd.). Sie verspürte den Wunsch, diesem »Wildwuchs« ein Ende zu bereiten, und entwickelte ein Programm zur Anleitung von Kollegialen Supervisionsgruppen.

Im Studienbrief zur Kooperation unter Lehrern (1985) ordnet Rotering-Steinberg Kollegiale Beratung ganz klar unter den Oberbegriff der Supervision, wobei sie die Begriffe Supervision und Praxisberatung gleichbedeutend verwendet. In einer Fußnote zum Begriff Kollegiale Supervision in der Überschrift merkt sie an:

> »Der englische Begriff ›supervision‹ wird üblicherweise mit Leitung, Beaufsichtigung und auch Kontrolle übersetzt; in unserem Zusammenhang beinhaltet ›Supervision‹, daß Lehrer sich zusammensetzen, um in organisierter oder systematisierter Weise über schulische Probleme zu sprechen« (vgl. Rotering-Steinberg 1985, 54).

6.1 Kollegiale Beratung und Supervision

Sie grenzt dabei die Settings Einzelberatung, Praxisberatung in Gruppen (group supervision) und Praxisberatung durch die Kollegengruppe (peer group supervision) voneinander ab. Zur Erklärung, was peer group supervision beinhaltet, zieht sie ein Zitat von Gudjons heran und betont damit, dass es um »Interaktions- und Beziehungsprobleme der Teilnehmer im Gesamtfeld pädagogischen Handelns« (Gudjons 1977, 376 zit. n. Rotering-Steinberg 1985, 56) geht und grenzt diese von methodisch-didaktischen Problemen des Unterrichts ab. In den konkreten Arbeitsvorschlägen zum Selbsttrainingsprogramm (1999) weist sie in einer sehr kurzen Sequenz daraufhin, dass sie die Begriffe Supervision bzw. Coaching oder Praxisberatung synonym verwendet, zeigt aber gleichzeitig Unterschiede zwischen Supervision und Coaching auf, indem sie Supervision mehr dem Bereich von Aufsicht und Kontrolle zuordnet und Coaching hingegen als »komplexen Lehr-/Lernprozess im Sinne von individueller Förderung, Begleitung oder Beratung« (Rotering-Steinberg 1999, 20) bezeichnet.

Mutzeck entwickelt 1989 ein Modell Kooperativer Gruppenberatung für Lehrer*innen und schreibt:

> »Die Kooperative Gruppenberatung ist eine Form der Supervision [...]. Sie beginnt mit fachkundiger, außengesteuerter Fortbildung und Beratung und wird dann in eine durch die Gruppenmitglieder geleitete und verantwortete Beratung und Unterstützung überführt« (Mutzeck 1996, 113).

Mutzeck verwendet die Begriffe Kooperative Beratung und Kooperative Supervision synonym, unterscheidet aber deutlich zwischen einer Gruppenberatung, bei der die Mitglieder wechselseitig die Rolle der beratenden Personen übernehmen (Kollegiale Supervision, Intervision), einerseits und der, bei der eine externe, nicht der Gruppe angehörige Person die Rolle der beratenden Person übernimmt (Supervision), andererseits (vgl. ebd., 116). Das Supervisionsverständnis, das seinem Modell kollegialer Supervisionsgruppen zugrunde liegt, ist das einer »angeleiteten Praxisreflexion und -bewältigung« (ebd. 21), die hilft, emotionale Erschöpfung, soziale Müdigkeit oder psychische Beschädigung abzubauen oder vorzubeugen. Gegenstand von Supervision sind für ihn schwierige bzw. gestörte Interaktionsprozesse im Berufsalltag.

Auch Schlee, der Ende der 1990er Jahre sein Modell »Kollegiale Beratung und Supervision (KoBeSu)« entwickelt, verweist wie Gudjons auf die

6 Wie steht Kollegiale Beratung zu Supervision und Coaching?

beiden Aspekte der Selbsthilfe und der Supervision, indem er sein Modell als Selbsthilfe- und spezielles Supervisionsverfahren bezeichnet (vgl. Schlee 2019, 16). Folgendes Supervisionsverständnis legt er zugrunde:

> »Supervision sollte als eine Sonderform von Beratung für den beruflichen Bereich verstanden werden. Durch eine Reflexion der beruflichen Arbeit können die Ratsuchenden neue Perspektiven gewinnen und ihr persönliches Handlungswissen für die eigene Praxis weiter entwickeln. Supervision verfolgt als Ziel die Förderung der beruflichen Handlungssicherheit, die Stärkung des professionellen Selbstverständnisses und die Erweiterung der Selbstbestimmung im Berufsalltag. Es geht vornehmlich um Reflexions- und Klärungsprozesse. [...] Supervision soll den Blick nicht trüben oder verklären, sondern schärfen. Es geht also um Erkennen und Begreifen, um Einsehen und Lernen. [...] In der Supervision sind die Supervisanden (so werden die Ratsuchenden genannt) von dem unmittelbaren Handlungsdruck befreit und können in relativer Ruhe und Distanz ihre Aufgaben, Handlungen und Erfahrungen am Arbeitsplatz reflektieren. Dabei werden sowohl die äußeren Gegebenheiten als auch die strukturellen Rahmenbedingungen sowie die persönlichen Sichtweisen in den Blick genommen und in ihrer wechselseitigen Bedingtheit näher untersucht. Hierdurch können sich neue Bewertungen, Bedeutungen und Handlungsperspektiven ergeben« (ebd., 20).

Der Unterschied zwischen Kollegialer Beratung und professioneller Supervision besteht für ihn darin, dass in der Kollegialen Beratung die fachlichen und persönlichen Kompetenzen des*der Supervisor*in durch die Ablaufsystematik des Modells ersetzt werden.

> »Das Expertentum bzw. die theoretische Fundierung werden nämlich über die Regeln und Prinzipien der jeweiligen Verfahren eingebracht. Wenn sich die Teilnehmerinnen und Teilnehmer sorgfältig daranhalten, dann gibt es keinen Grund für Befürchtung, dass die Supervision oberflächlich und wenig Gewinn bringend verlaufen würde« (ebd., 30).

Schlee erzeugt einerseits eine große Nähe zwischen Supervision und Kollegialer Supervision. Andererseits legt er für sein Modell Kollegialer Beratung und Supervision ein gewisses Beratungs- und eben kein spezielles Supervisionsverständnis zugrunde, und das obwohl er, wie oben zitiert, Supervision als Sonderform der Beratung ansieht.

Fallner und Gräßlin, die ebenfalls in den 1990er Jahren ein Modell Kollegialer Beratung entwickeln, auf das bis heute häufig Bezug genommen wird, zeigen anhand der Entstehungsgeschichte von Kollegialer Beratung die Nähe zur Supervision auf. Sie beschreiben, dass an der Akademie Remscheid Ende der 1970er Jahre innerhalb eines Workshops für Kommunikationsberater*innen und Supervisor*innen verschiedene Vorgehensweisen von Kollegialer Beratung probiert und ausgewertet wurden (Fallner & Gräßlin 1990, 93). In Zusammenhang mit der Supervisor*innenausbildung wird einerseits an verschiedenen Akademien in genau dieses Modell eingeführt und werden andererseits weitere Modelle Kollegialer Beratung von professionellen Supervisor*innen als eine Art »weiche‹ Form der Kontrollsupervision« (Thiel, 1994, 185) entwickelt. Nach und nach bieten dann professionelle Supervisor*innen Einführungen in Kollegiale Beratung auch für andere Berufsgruppen an.

Wo liegen die Unterschiede und wie stehen die beiden Formate zueinander?

Obwohl bereits Fallner und Gräßlin betonen, dass Kollegiale Beratung nicht in Konkurrenz, sondern in »Selbständigkeit, in Ergänzung und im ›Vor- und Nachgang‹« (Fallner & Gräßlin 1990, 12) zur Supervision stehen sollte, gibt es heute mehr denn je die Sorge, dass das kostengünstige Format der Kollegialen Beratung die kostenintensivere Supervision in der Praxis ersetzen soll. Eine im Jahr 1999/2000 durchgeführte empirische Studie des Evangelischen Zentralinstituts für Familienberatung (EZI) hatte zum Ziel, empirische Daten zur Umsetzung und zur Effizienz der von Fachverbänden entwickelten Qualitätsstandards für multiprofessionelle Teams in psychologischen Beratungsstellen zu erheben. Teil dieser Qualitätsstandards ist die kontinuierliche Durchführung von fallbezogenen Teambesprechungen (Intervision) und externer Supervision (vgl. Hurtienne 2006). Austermann und Wagenaar führten im Jahr 2020 eine quantitative Studie durch, die in Teilen eine Vergleichbarkeit mit den Ergebnissen der Studie von 1999/2000 ermöglichen sollte. Beide Studien zeigen auf, dass die vorgegebenen Qualitätsstandards bezogen auf Intervision (Kollegiale Fallbesprechung in multiprofessionellen Teams psychologischer Beratungsstellen, ▶ Kap. 2.2) eindeutig eingehalten werden, bezogen auf externe Supervision bleibt die Realität in den Beratungsstellen hingegen weit hinter den Standards zurück. Während der festgeschriebene wöchentliche

Rhythmus für Kollegiale Fallbesprechungen eingehalten wird, wird der vorgeschriebene Rhythmus für externe Supervision, nämlich vierzehntägig, deutlich überschritten (vgl. Austermann & Wagenaar 2022, 35).

Die Studie von Linderkamp, die sich mit der Bedeutung Kollegialer Beratung als Element einer betrieblichen Bildungsarbeit auseinandersetzt, überprüft dabei auch ihre Bedeutung als ressourcengünstige Form. Während die Auswertung der Teilnehmenden-Interviews ergibt, dass Kollegiale Beratung hier sowohl als Ergänzung als auch als Ersatz für Supervision in Betracht gezogen wird, zeigen die Expert*innen-Interviews die einhellige Auffassung, dass »ein Ersetzen von der Sache her nicht geboten ist, da *die Zielsetzungen und Möglichkeiten der verschiedenen Instrumente zu unterschiedlich sind*« (Linderkamp 2011, 201, Hervorhebung im Original). Linderkamp formuliert im Fazit ihrer Dissertation, dass die Ergebnisse keine »greifbaren Hinweise« (ebd., 206) auf eine Verdrängung von Coaching/Supervision durch Kollegiale Beratung ergeben und eher eine Zunahme der bisher schon zu beobachtenden Tendenz einer Integration und Kombination verschiedener Lernformen wie Seminare, Supervision, Coaching und Kollegialer Beratung zu erwarten ist.

Wichtige Hinweise, warum Supervision nicht durch Kollegiale Beratung ersetzbar ist, liefern nach Gröning und Schütze (2016) Erkenntnisse zur Dominanz der Akte in der Fallarbeit. Fälle und ihr Verlauf sind in der Sozialen Arbeit regelmäßig und ausführlich zu dokumentieren. Dadurch entstehen Fallakten. Der*Die Professionelle muss zwischen der Akte als sachlichem sowie rechtlichem Kompass in der Fallbearbeitung und dem*der Adressat*in mit ihrer Lebenswelt eine Balance finden. Lebensweltliche Informationen, die Sozialarbeitende während des Gesprächs mit dem*der Adressat*in erfahren, werden automatisch aktengerecht im Kopf der professionellen Person gespeichert und für die Dokumentation vorbereitet. Diese Organisationsform der professionellen Bearbeitung von Fällen erzeugt

> »eine grundsätzliche Spannung zwischen erlebtem Fall, erzähltem Fall und dokumentiertem Fall. [...] Für das Verstehen eines Falls ist sein gestalthafter Zusammenhang, jener von erlebtem Fall, erzähltem Fall und Akte von Bedeutung. [...] Die Gestaltmehrdeutigkeit jedes Falls macht ihn zum Gegenstand von Konflikten und Interessen. Wessen Auffassung wird in einer Fallsupervision an-

6.1 Kollegiale Beratung und Supervision

erkannt, jene des professionellen Erzählers, jener Hintergrund der Akte oder das unmittelbare Erleben in der Doxa des Falls?« (Gröning & Schütze 2016, 8f.).

Aufzudecken, wessen Auffassung gerade die Oberhand gewinnt und welche Dominanz und Eigendynamik Akten und damit das administrative Handeln in Organisationen bezogen auf die Wahrnehmung von Professionellen entwickeln, ist Aufgabe einer kritisch-reflexiven Supervision. In der Kollegialen Beratung, in der alle Teilnehmenden diese administrative Form der Fallbearbeitung gleichermaßen habitualisiert haben, »reproduziert sich hier die Dominanz des dokumentierten Falls und aus der Reflexion wird Ordnungshandeln« (Gröning & Schütze 2016, 8).

Ein Forschungsprojekt von Bauer untersuchte, wie die jeweiligen professionsspezifischen Sichtweisen in den Aushandlungsprozessen multiprofessioneller Teams in Erziehungsberatungsstellen zur Geltung gebracht werden. Das Forschungsprojekt deckte auf, dass Kollegiale Fallbesprechungen vor allem dazu dienen, im Team einen gemeinsamen Orientierungsrahmen zu erzeugen. Analysierte Fallbesprechungen, die von jüngeren, unerfahreneren Berater*innen eingebracht wurden, zeigen, wie sich Wissensbildung als »Einpassung und Einsozialisation in einen übergreifenden habitualisierten Orientierungsrahmen des Teams vollzieht, der die als relevant angesehenen Fallperspektiven vorstrukturiert« (Bauer 2018, 288f.). Diese Ergebnisse machen einmal mehr deutlich, dass Supervision nicht durch Kollegiale Beratung ersetzt werden kann. Supervision, in ihrer Funktion als kritisches Gegenüber, kommt hier eine wichtige Bedeutung zu. Sie trägt dazu bei, erkenntnisoffene Aushandlungsprozesse in den Fallbesprechungen der Teams herzustellen (vgl. Bauer 2018, 288ff.).

Diese Erkenntnisse dürfen aber auch nicht zu dem Umkehrschluss führen, dass Kollegiale Beratung weniger wert sei als Supervision. »Kollegiale Beratung hat eine andere Qualität als professionelle Beratungsverfahren. Sie ermöglicht einen unbeschwerten Blick auf Ungereimtheiten, Konflikte und Harmonien im Alltagserleben« (Fallner & Gräßlin 1990, 14). Das Wegbleiben eines*einer Expert*in und damit auch von Kontrolle trägt dazu bei, dass Themen freier und ohne Angst angesprochen werden können, der Selbsthilfegedanke gestärkt wird und die Abhängigkeit von Expert*innen reduziert werden kann (vgl. Werling 2018, 649).

Mehrere Autor*innen (vgl. Thiel 1994, Linderkamp 2011, 206) verweisen auf eine Kombination aus Kollegialer Beratung und Supervision zur adäquaten Deckung des Beratungsbedarfs. Als schwierig empfundene Szenen der Kollegialen Beratung können in der Supervision weiter reflektiert werden und gleichzeitig kann die Supervision von bestimmten Themen entlastet werden (vgl. Thiel 1994, 207 ff.). Kollegiale Beratung unterliegt stets der Gefahr des ›vorschnellen Ratgebens‹. Thiel zeigt auf, dass in einer Kombination aus Supervision und Kollegialer Beratung die Supervision hier Vorbildcharakter übernehmen kann, weil hier Vorgehens- und Verfahrensweisen eingeübt werden können (vgl. Thiel 1994, 210) und die Relevanz der verstehenden Funktion immer mehr nachvollzogen werden kann. Spangler verweist darauf, dass Supervision zum einen zur Installierung oder Beendigung einer Kollegialen Beratungsgruppe genutzt werden kann, aber zum anderen vor allem auch zwischendurch zur Arbeit an der Gruppendynamik innerhalb der Kollegialen Beratungsgruppe hilfreich sein kann (vgl. Spangler 2012, 100 f.). Kollegiale Beratung

> »muss beziehungsdynamisch im ›Hier und Jetzt‹ weitgehend ›abstinent‹ bleiben. […] Die Reflexion muss der beziehungsdynamischen Situation übergeordnet bleiben, damit die Reflexionskraft der Systematik (ohne Berater ›von außen‹) nicht ›ausgehebelt‹ wird und verloren geht. […] Das ›Abgleiten‹ in eine beziehungsdynamische Situation […] führt natürlich […] zur Dynamisierung der direkten Interaktionen untereinander. Hierzu wäre dann Supervision als Ebene der Reflexion und Bearbeitung erforderlich« (Fallner & Gräßlin 1990, 15).

Es wird also nachvollziehbar, dass Supervision und Kollegiale Beratung große Schnittmengen aufweisen, es sich aber gleichzeitig um zwei deutlich voneinander zu unterscheidende Formen arbeitsbezogener Beratung handelt. Eine sinnvolle Ergänzung beider kann zu einer Professionalisierung der Fallbearbeitung in der Sozialen Arbeit beitragen.

6.2 Kollegiale Beratung und Coaching

Das Beratungsformat Supervision ist als ein wesentlicher Entstehungshintergrund für das Format der Kollegialen Beratung anzusehen. Das macht sich auch im Namen bemerkbar: Neben Kollegialer Beratung wird häufig von Kollegialer Supervision oder Peer-Supervision gesprochen. In den 1980er Jahren wird in Deutschland die aus den USA stammende Idee des Coachings aufgenommen. Ende der 1980er und in den 1990er Jahren wird Coaching zu einer akzeptierten Form systematischer Personalentwicklung, sodass »sich der Begriff seit Mitte der 1990er Jahre zu einem inflationären ›Container‹-Wort« (Lippmann 2009, 13) weiterentwickelt und dementsprechend auch im Kontext Kollegialer Beratung z. B. in Begrifflichkeiten wie Kollegiales Coaching (vgl. Hebecker & Wergen 2016, Völschow 2016, Küchler & Wolfer 2008) oder Kollegiale Beratung und Coaching (vgl. Fischer & Feuerstein 2022) auftaucht. Bedeutet der veränderte Name auch eine inhaltlich andere Ausrichtung? Wie verhalten sich Supervision, Coaching und Kollegiale Beratung zueinander? Diese Fragen sollen im Weiteren geklärt werden.

Entwicklungsgeschichte des Coachings

Die Geschichte des Coachings hat nach Schreyögg (2015) ihren Ursprung in der US-amerikanischen Wirtschaftspsychologie. Dieser Ursprung trägt mit dazu bei, dass das Coaching in seiner weiteren Entwicklung stets eine Nähe zur Wirtschaft behält. Die Supervision hingegen hat ihren Ursprung unter anderem in der Sozialarbeit und auch sie behält diese Nähe im Laufe ihrer Entwicklungsgeschichte bei (vgl. Schreyögg 2015, 105 ff.). Der Unterschied dieser Entstehungshintergründe zeigt sich unter anderem daran, dass im Coachingbereich vielmehr Geld verdient wird, allein deshalb, weil da, wo es in der Wirtschaft angeboten wird, die Preise sich deutlich von Preisen für Supervision im Non-Profit-Sektor unterscheiden. Der »Chief Executive Officer« der börsennotierten Betreibergesellschaft des Flughafens Frankfurt am Main hat neben dem größten Büro und der komfortabelsten Limousine auch den teuersten Coach. »Wer dort mit Supervision landen möchte, sollte das erst gar nicht versuchen. Der Supervision haftet noch immer der ›Stallgeruch‹ der Sozialen Arbeit an und spielt in der Liga des ›Nicht-ganz-ernst-genommen-Werdens‹« (Griewatz 2018, 77).

In den 1980er Jahren wird der Begriff Coaching in Amerika aus dem Sportbereich in den Managementbereich übernommen und entwickelt sich dort in Richtung einer organisationsinternen Karriereförderung. Die Idee des Coachings wird von Amerika aus auch nach Deutschland weitergetragen und verändert sich dabei, indem es zum einen auf der Ebene des Topmanagements angesiedelt wird und zum anderen seit den 1990er Jahren nicht mehr als interne, sondern als externe Beratung durchgeführt wird (vgl. Schreyögg 2015, 110f.). Gerade diese Veränderungen führten nach Lippmann zu einer hohen Aufmerksamkeit in der Beratungsbranche und in der Öffentlichkeit und machten Coaching populär (vgl. Lippmann 2009, 13).

»Zentrale Themen waren nun die Wahrnehmungs-, Verhaltens- und Kommunikationsmuster von Führungskräften« (Schreyögg 2015, 111). Das Coaching verschaffte sich im Laufe seiner weiteren Entwicklung während den 1990er Jahren einen etablierten Platz in der Personalentwicklung von Führungskräften. Analog zur Entwicklungsgeschichte der Supervision differenzierte sich Ende der 1990er auch das Setting von Coaching aus, vom bis dahin dominierenden Setting des Einzelcoachings hin zu weiteren Formen wie dem Gruppen- oder Teamcoaching. Coaching steigt in seinem Ansehen und auch die Arbeitsfelder, in denen es im Rahmen der Personalentwicklung angewendet wird, differenzieren sich immer weiter aus. So findet es in Firmen unterschiedlicher Branchen, in Verwaltungssystemen, im sozialen Dienstleistungsbereich und in verschiedenen Kulturbereichen Anwendung (vgl. Schreyögg 2015, 111). Coaching wird zum Begriff einer »vertieften, psychologisch ausgerichteten Beratungsmethodik« (Böning 2005, 28 zit. n. Schreyögg 2015, 111). Mitte der 2000er Jahre werden die arbeitsweltlichen Themen im Coaching zunehmend durch private Inhalte ergänzt (vgl. Greif, Möller & Scholl 2018, 2, Schreyögg 2015, 112). Die dominante ausführende Berufsgruppe sind (Wirtschafts-)Psycholog*innen und Betriebswirt*innen. Der Coaching-Boom macht eine Professionalisierung unter anderem in Form von Vereinen und Verbänden erforderlich, allerdings entsteht hier – anders als in der Supervision – eine unüberschaubare Anzahl an Verbänden, an Aus-

und Weiterbildungsangeboten und an verschiedenartiger Literatur (vgl. Schreyögg 2015, 112). Die Tatsache, dass die Ausbildungen an vielen Stellen kürzer sind, die Anwendungsfelder hingegen breiter und die Einnahmen, vor allem in der Wirtschaft, höher als in der Supervision, führt zu sinkenden Teilnehmendenzahlen in Supervisionsausbildungen und einer Hinwendung vieler Supervisor*innen zum Coachingmarkt (vgl. ebd., 113).

All das führt dazu, dass der Begriff Coaching, der immer noch als Containerbegriff fungiert und somit inhaltlich beliebig gefüllt werden kann (vgl. Fietze 2015, 9), eine hohe Attraktivität aufweist und vermehrt auch marketingstrategisch genutzt wird. So bieten Ausbildungsinstitute für Supervision nun vermehrt Weiterbildungen für »Supervision und Coaching« an und auch die DGSv als Berufsverband von Supervisor*innen übernimmt Coaching in ihren Namen. Viele Expert*innen, die sich früher in Veröffentlichungen und praktischer Durchführung mit Supervision beschäftigt haben, bieten nun beispielsweise statt Leitungssupervision Coaching an. Der Begriff Coaching scheint als attraktiver, zeitgemäßer und werbewirksamer angesehen zu werden (vgl. Schreyögg 2015, 113). Das macht sich auch in der Kollegialen Beratung bemerkbar und so finden sich vermehrt Angebote eines Kollegialen Coachings statt Kollegialer Supervision.

Zuständigkeitsanspruch in Abgrenzung zur Supervision

Für das Format des Coachings hat inzwischen eine Professionalisierungsentwicklung stattgefunden. Diese erfolgte in Form von fachlich interdisziplinären Diskussionen, einer etablierten Einbeziehung wissenschaftlicher Erkenntnisse in die Arbeit, einer Entwicklung als eigenständiges Forschungsfeld und einer zunehmenden Akademisierung im Weiterbildungssektor. Dennoch bleibt die

> »Definition eines exklusiven Zuständigkeitsanspruchs von Coaching unklar. [...] Zwar gibt es inzwischen Definitionsvorschläge des Coachingverständnisses von Seiten der Verbände, diese weisen aber nur einen schwachen Durchdringungs- und Verbindlichkeitsgrad auf« (Fietze 2015, 9).

Greif, Möller und Scholl (2018) arbeiten heraus, welche verschiedenen Coachingdefinitionen und -konzepte existieren, und zeigen anhand dessen auf, dass es nicht nur keinen Konsens darüber gibt, was Coaching beinhaltet, sondern, dass es zusätzlich an einem öffentlichen Austausch oder Streit zwischen den verschiedenen Richtungen darüber mangelt, welches der Konsens sein sollte. Genau dies wäre aber erforderlich, um von einer Profession zu sprechen, und diesen Anspruch erhebt das Coaching ja durchaus für sich.

Die mangelnde Definitionskraft des Coachingbegriffs zeigt sich vor allem in den Abgrenzungsschwierigkeiten gegenüber benachbarten Beratungsformaten wie der Supervision, Mediation oder Organisationsentwicklung. Hier kommt es zu vielfältigen Überschneidungen bis hin zur Negierung von Unterschieden. Auch stellt die Erweiterung des Formates Einzelcoaching um die Formate des Team- und Organisationscoachings eine Entwicklung dar, die große Ähnlichkeiten zum Entwicklungsverlauf der Beratungsform Supervision aufweist (vgl. Fietze 2015, 10). Den benachbarten Beratungsformaten ist gemeinsam, dass die für das Beratungsanliegen notwendige Expertise nicht bereits vorhanden ist und von außen durch die beratende Person eingebracht wird, sondern im Beratungsgeschehen selbst erst entwickelt wird, indem der reflexive Selbstbezug der*des Klient*in systematisch angeregt und berücksichtigt wird. Die Fachexpertise, die in diesen Formaten z.B. durch die coachende oder supervidierende Person in den Beratungsprozess eingebracht wird, ist die der Prozessexpertise. Gemeinsam ist den benachbarten Beratungsformaten darüber hinaus der Fokus auf personenbezogene, interaktionelle Kommunikationsprozesse in der Arbeitswelt (vgl. Fietze 2015, 12).

Für Lippmann ist nachvollziehbar, dass die vielen Schnittmengen zwischen Supervision und Coaching auch zu Überschneidungen bei der Begriffsverwendung führen (vgl. Lippmann 2009, 31 f.). In seinem Buch über Coaching zeigt er auf, dass Einzelcoaching die Unterstützung des Coachee (Person, die das Coaching in Anspruch nimmt) beim Ausfüllen der beruflichen Rolle, z.B. als Führungskraft in einer Organisation, beinhaltet. Für eine erfolgreiche Rollenübernahme gilt es in Bezug auf die unterschiedlichen Erwartungen, die an die Rolle herangetragen werden, in einem ständigen dynamischen Austausch und Verhandeln zu bleiben, um Klarheit zu schaffen (vgl. ebd., 20 ff.).

6.2 Kollegiale Beratung und Coaching

Auch für die Supervision werden rollentheoretische Ansätze zur Fundierung verwendet. Zimmer (1996) zieht für das Verstehen von sozialen Konflikten in Gruppen- und Teamsupervisionen rollentheoretisch-soziologische Ansätze heran. Menschen, die zusammentreffen, haben nie vollständig übereinstimmende Vorstellungen über die Verhaltensweisen, die in der Situation, in der sie sich begegnen, angemessen wären. »Es ist vielmehr anzunehmen, daß jeder Mensch aufgrund seiner persönlichen Biographie und der besonderen Kombination von Rollen, die er in anderen Interaktionssystemen innehat, eine eigene Situationsdefinition in die Situation einbringt« (Zimmer 1996, 25). Aufgabe ist es, die unterschiedlichen Erwartungen auszutauschen und nach und nach einander anzugleichen. Es sind also deutliche Schnittstellen zwischen Supervision und Coaching zu verzeichnen. Wie weiter unten im Kapitel noch aufgezeigt wird, ist die Unterscheidung zwischen Coaching und Supervision weniger zielführend als eine Differenzierung nach den herangezogenen Theorieansätzen und den dahinter liegenden Menschenbildern.

Trotz der erwähnten Schwierigkeit, prozess- und personenorientierte Beratungsformate voneinander abzugrenzen, findet sich in der Literatur immer wieder der Versuch, Unterschiede zwischen Supervision und Coaching herauszuarbeiten. Dabei wird deutlich, dass Supervision mit der Zielgruppe der Professionellen in der Sozialen Arbeit (vgl. Schreyögg 2015, Lippmann 2009, Belardi 2018), den Zielen der Reflexion beruflichen Handelns (vgl. Kühl & Schäfer 2019) und der Verbesserung der Interaktion des Professionellen mit den eigenen Klient*innen (vgl. Schreyögg 2015, Belardi 2018) in Verbindung gebracht wird. Coaching wird hingegen mit Führungskräften aus der Wirtschaft (vgl. Schreyögg 2015, Kühl & Schäfer 2019) und dem Ziel von verbesserter Leistungsfähigkeit (vgl. Griewatz 2018, 76) durch ergebnisorientierte Problemreflexion (vgl. Greif, Möller & Scholl 2018) assoziiert. »Die Aufgabe des Coaches besteht darin, Hilfestellung zu leisten, um die der Leistung im Weg stehenden Hindernisse abzubauen oder zu verringern. Coaching ist demzufolge eine professionelle Beratungsform, die am Potenzial des Coachees ansetzt und mithilfe verschiedener Methoden zur Aktivierung von Ressourcen beiträgt« (Kühl & Schäfer 2019, 7). Belardi arbeitet heraus, dass die Kulturen, in denen die beiden Formate stattfinden, sich zum Teil deutlich unterscheiden. Während in der Supervision eine Helfer*innen- und Verständniskultur sowie

Beziehungsarbeit vorherrschen, spielen im Coaching Hierarchie, Wettbewerb, Rivalität, Macht, Entscheidungsdruck und Gewinnerzielung eine große Rolle. Supervision findet häufig in Form von Teamsupervision statt, während Coaching in den meisten Fällen als Einzelcoaching erfolgt. Belardi weist weiter daraufhin, dass sich in der Praxis die beiden Formate durchdringen und dass hier zu beachten sei, dass vielen Coaches Wissen über helfende Berufe und vielen Supervisor*innen Wissen über Leitung und Organisation fehle (vgl. Belardi 2018, 13).

Schreyögg (2015) plädiert dafür, Unterschiede zwischen Supervision und Coaching nicht zu verwischen und der Ausrichtung auf unterschiedliche Zielgruppen eine unterschiedliche konzeptionelle Ausrichtung folgen zu lassen. Für sie stellen Sozialarbeitende und Psychotherapeut*innen die Zielgruppe von Supervision dar, mit dem Ziel, die Interaktion zwischen Professionellen und Klient*innen zu verbessern und dafür auf klinisch-psychologische Kompetenzen der*des Supervisor*in zurückzugreifen. Die Zielgruppe im Coaching hingegen seien Fach- und Führungskräfte unterschiedlicher Organisationstypen mit dem Ziel, diese darin zu unterstützen, »eine organisatorische Einheit in menschlicher wie auch in wirtschaftlicher Hinsicht« (Schreyögg 2015, 115) gut zu steuern. Die coachende Person benötigt hierfür Kompetenzen aus der Arbeits- und Organisationspsychologie, angereichert mit grundlegendem Managementwissen. Schreyögg kritisiert, dass diese hierfür nicht qualifiziert werden, sondern die Ausbildungskonzepte für das Coaching »an den altbewährten Mustern der Supervisionsausbildungen, in denen Interaktionskonzepte dominierten« (ebd., 114), orientiert sind.

Der hier gesetzte Fokus auf die Psychologie als dominante Disziplin für die methodischen Kompetenzen ist mindestens für die Supervision scharf zu kritisieren, da eine solche Reduzierung supervisorischer Kompetenzen auf den klinisch-psychologischen Bereich die Gefahr einer Individualisierung und Pathologisierung von Problemen birgt und gesellschaftliche Prozesse und Strukturen als Ursache von Problemen ausblendet (vgl. Gröning 2013, 46 f.).

Diese benachbarten, schwer voneinander abgrenzbaren, professionellen, personenbezogenen und prozessorientierten Beratungsangebote stellen eine allgemein akzeptierte Bewältigungsstrategie für das Krisenpotenzial dar, das die veränderte Arbeitswelt mit sich bringt. In zunehmend komplexeren und sich dauernd verändernden Organisations- und Vernetzungsstrukturen können Koordinationsleistungen durch kommunikative Abstimmungsprozesse aufrechterhalten werden. Hierfür sind Kompetenzen der Selbst- und Prozessbeobachtung, der reflexiven Selbststeuerung und die Bereitschaft, zu lernen und sich zu entwickeln, notwendig (vgl. Fietze 2015, 13).

> »Durch die gesellschaftlichen Rahmenbedingungen sind die Ansprüche an die Selbstorganisation und die Selbstführung der Individuen so sehr gestiegen, dass sich angesichts des darin angelegten Krisenpotenzials für die Arbeitsfähigkeit und autonome Lebensführung der Individuen inzwischen eine gesellschaftlich generalisierte Krisenerwartung herauszubilden scheint« (ebd., 18).

Neueren prozessorientierten Beratungsangeboten wie dem Coaching wird für die Bewältigung dieser Problemlagen »eine zunehmend gesellschaftlich anerkannte professionelle Zuständigkeit zugeschrieben« (ebd.). Arbeitsbezogene Beratung etabliert sich daher mit seinen verschiedenen ausdifferenzierten Formaten. Supervision wird z. B. nicht mehr nur in der Sozialen Arbeit, sondern auch in anderen Organisationen wie z. B. der Verwaltung, und nicht mehr vorwiegend für Fallarbeit, sondern auch zur Team- und Organisationsentwicklung genutzt. Führungskräftecoaching gehört zum selbstverständlichen Alltag einer Führungskraft. Mit diesen Formaten wird also eine Wirkungserwartung verbunden. Sie werden von der Führungs- und Managementebene in Organisationen eingesetzt mit der Erwartung, dass Mitarbeitende lernen, mit Umbrüchen und Herausforderungen in der Arbeitswelt besser umgehen zu können und die eigenen Potenziale im Interesse des Unternehmens so weit wie möglich auszuschöpfen.

Die gestiegene Wirksamkeitserwartung und Popularität arbeitsbezogener Beratung birgt aber auch Gefahren. Sowohl Supervision als auch Coaching sind nach wie vor keine geschützten Professionsbezeichnungen und beide finden sich noch in den Anfängen einer beratungswissenschaftlichen theoretischen Fundierung. Beide weisen keine einheitliche, konsensuale Konzeptionierung auf, sondern zeichnen sich jeweils durch eine Vielzahl vorhandener, auf unterschiedliche Theorien und Schulen zurückgreifende Konzeptionen aus. Diese unterschiedlichen Konzeptionen und Modelle weisen nach Austermann sehr deutliche professionsethische Unterschiede auf.

»Das Verständnis berufs- und organisationsbezogener Beratung wird von verschiedenen Seiten heftig umkämpft, und das auf verschiedenen Ebenen, nämlich erstens von Berufs- und Fachverbänden, zweitens von universitären Disziplinen und schließlich drittens angesichts der jeweils vorherrschenden wissenschaftstheoretischen Ansätze« (Austermann 2013, 36 f.).

Austermann analysiert das dem Coachingverständnis von Schreyögg zugrunde liegende Menschenbild und zeigt auf, dass der betriebswirtschaftlich und organisationspsychologisch ausgerichtete Ansatz Menschen nach ihrer Nützlichkeit für die Zielerreichung einer Organisation beurteilt. Personenentwicklung wird nach diesem Ansatz für die Steigerung der Nützlichkeit instrumentalisiert und Coaching auf die Optimierung der Funktionsfähigkeit der Funktionsträger reduziert (vgl. ebd.).

Gröning legt ihrer beratungswissenschaftlichen Fundierung von Supervision ein Menschenbild zugrunde, das sich aus der Psychoanalyse, dem Neuhumanismus und den kritischen Sozialwissenschaften speist (vgl. Gröning 2013, 117 ff.). Hier geht es gerade nicht darum, Beratung als Unterstützung im Jederzeit-Verfügbarsein-des-Menschen zu verstehen, sondern Supervision in ihrer Rolle als kritische Aufklärung zu sehen, die Menschen darin unterstützt, den Zusammenhang von Person, Rolle und Organisation gerade auch vor dem Hintergrund gesellschaftlicher Veränderungen zu reflektieren (vgl. ebd., 72 f.).

Die hier einander gegenübergestellten Ausrichtungen von Beratung sollen aber nicht auf eine generell daraus zu schließende Abgrenzung von Supervision als kritisch aufklärend und Coaching als funktionalisierend verweisen. Sie sollen aufzeigen, dass arbeitsbezogene Beratung sich gerade in Zeiten gestiegener Bedarfe und Ausdifferenzierung der Formate immer auch einer Beratungskritik unterziehen und beratungswissenschaftliche Diskurse führen sollte, um nicht instrumentalisiert zu werden. Dies gilt, wie im folgenden Kapitel zu sehen ist, auch für die Kollegiale Beratung.

Kollegiale Beratung und Coaching

Die Tatsache, dass das Format Coaching in den 1980er Jahren aus den USA kommend in der deutschen Wirtschaft Einzug hält und in seiner Weiterentwicklung in den 1990er Jahren massiv an Attraktivität und Ausbreitung gewinnt, hat auch Einfluss auf das Format Kollegiale Beratung.

Modelle Kollegialer Beratung tragen seitdem vermehrt das Wort Coaching im Titel. Es ist zu vermuten, dass es hierbei häufig nicht um eine veränderte Ausrichtung geht, sondern lediglich die Beliebtheit des Wortes zur Vermarktung genutzt wird. Ein Beispiel hierfür stellt ein Artikel von Küchler und Wolfer dar, der die Ergebnisse des Workshops »Intervision – Kollegiales Coaching als Standard« beim bundesweiten Streetworker*innentreffen 2007 in Gelnhausen zusammenfasst. Die Autor*innen wollen Selbstreflexion und Kollegiales Coaching zur Handlungsoptimierung in Streetwork und mobiler Jugendarbeit etablieren und voranbringen. Sie sehen Reflexion als wichtigen Bestandteil professioneller Sozialer Arbeit und Kollegiales Coaching als einen Ort, um die eigene Haltung zu reflektieren. Interessanterweise stellen die Autor*innen während des gesamten Artikels einen engen Zusammenhang zwischen Supervision und Kollegialem Coaching her. Sie übertragen die Grundhaltung systemischer Supervision auf eine zu entwickelnde Grundhaltung von Kollegialem Coaching und zeigen unter anderem als Gemeinsamkeit der beiden Formate auf, dass Wirklichkeit aus unterschiedlichen Perspektiven zu betrachten ist (vgl. Küchler & Wolfer 2008, 14), um dann aber den Begriff des Kollegialen Coachings als »am treffendsten« (ebd., 5) zu bezeichnen. Eine wirkliche Begründung liefern sie nicht, es gibt lediglich einen Verweis in den Fußnoten auf den begrifflichen Ursprung des Wortes Coaching als Kutsche:

> »Dieses Bild vermittelt einen sehr wesentlichen Kern des Coachings: Die Kutsche ist ein ›Hilfsmittel‹, ein Beförderungsmittel, um sich auf den Weg zu machen. So begleitet Sie der Coach bei Ihren ganz individuellen Fragestellungen – er hilft Ihnen quasi, sich auf den Weg zu machen« (ebd.).

So lassen sich zahlreiche andere Beispiele finden, in denen eine Definition des Begriffs Kollegiales Coaching in Abgrenzung zu Kollegialer Beratung oder Kollegialer Supervision ausbleibt und davon auszugehen ist, dass die

Begriffe synonym oder unspezifisch verwendet werden (vgl. Fischer & Feuerstein 2022).

In manchen Konzepten scheint die Wortwahl Coaching lediglich auf die Zielgruppe oder den Kontext von Wirtschaft und Verwaltung hinweisen zu wollen. So beschreibt Völschow (2012 & 2016) ein Modellprojekt, in dem ein Verfahren für ein Kollegiales Coaching für Führungskräfte in Polizei und Justiz, und damit in der Verwaltung, entwickelt worden ist. Ziel war es, ein niedrigschwelliges Reflexionsinstrument in einer Organisation zu etablieren, in der keine Reflexionskultur und somit kein Zugeben, Reflektieren und Verändern von Schwächen und Fehlern vorhanden war. Das Verfahren, das hierfür entwickelt wurde, lehnt sich auf mehreren Ebenen, z.B. in den Zielvorstellungen, den theoretischen Grundannahmen und dem Aufbau/der Struktur, stark an das von Schlee entwickelte Modell der Kollegialen Beratung und Supervision an (vgl. Völschow 2012 & 2016). Der Begriff Coaching kann hier also lediglich die Funktion haben, auf die Zielgruppe der Führungskräfte zu verweisen.

Ähnliches lässt sich bei Rotering-Steinberg beobachten, die das Modell der Kollegialen Supervision, wie oben bereits erwähnt, aus der Therapieausbildung kennt und ein strukturiertes Verfahren hierfür entwickelt hat. In ihrem 2001 veröffentlichten Rückblick auf zwei Jahrzehnte Kollegiale Supervision im Selbsttraining schreibt sie, dass sich die Fort- und Weiterbildung für Führungskräfte verändert und vor allem um den Fokus der Aus- und Weiterentwicklung von Führungskompetenzen erweitert hat. Sie überträgt ihr Modell der Kollegialen Supervision im Grunde eins zu eins als *neues* Führungsinstrument auf betriebliche Praxisfelder bzw. Gruppen aus Führungskräften und bezeichnet das Modell als »Führungs-Lernstatt« und »Kollegiales Coaching« (Rotering-Steinberg 2001, 385 f.). Andererseits wird Kollegiale Beratung durchaus auch zur Führungskräfteentwicklung genutzt, ohne dass der Begriff dabei in Kollegiales Coaching umbenannt wird (vgl. Lödermann & Macha 2011).

In dem 1999 veröffentlichten Selbsttrainingsprogramm zum Erlernen von Kollegialer Supervision entwickelt Rotering-Steinberg neben dem Modell der Kollegialen Supervision ein Mentor*innen-Coaching-Modell für das Gruppensetting. Hier sollen ältere, das meint wohl vor allem beruflich erfahrenere Personen eine oder mehrere jüngere, also beruflich unerfahrenere Personen anleiten und begleiten. Die Wahl des Begriffes

Coaching statt Supervision begründet sie damit, dass es sich hier um eine »Begleitung und Lernförderung des Lernprozesses der weniger Erfahrenen handelt« (Rotering-Steinberg 1999, 50). Hier findet also mit der Begriffswahl auch eine deutliche inhaltliche Unterscheidung statt, die sich allerdings wiederum die Frage der Abgrenzung zum Format des Mentoring gefallen lassen muss.

In manchen Modellen Kollegialer Beratung lässt sich mit der veränderten Bezeichnung, Kollegiales Coaching statt Kollegiale Supervision, durchaus auch eine Verschiebung der inhaltlichen Ausrichtung feststellen. Diese weist eine gewisse Nähe zu der Idee auf, Coaching sei ziel- und leistungsorientierter ausgerichtet als Supervision und teilweise auch mit einer Orientierung auf Kurzfristigkeit und Messbarkeit versehen (vgl. Lippmann 2009, 33). In einem Kollegialen-Coaching-Modell für die Zielgruppe Promovierender heißt es: Der*die Protagonist*in entwickelt »aus den Inputs eine individuelle Lösungsstrategie und konkrete Planungsschritte für den eigenen Promotionsprozess [...]. Entscheidend sind dabei nicht die Rezepte, die bei anderen gewirkt haben, sondern die Entwicklung einer eigenen Rezeptur« (Hebecker & Wergen 2016, 170). Die Worte »Inputs« und »Rezepte« legen den Verdacht nahe, dass hier weniger der Fokus auf einer verstehenden Reflexion als auf einer handlungs- und lösungsorientierten Ergebnissuche liegt. Hier findet also innerhalb der zwei Funktionen von Fallarbeit (▶ Kap. 4.1) eine Gewichtung zugunsten der handlungsorientierten und auf Kosten der verstehenden Funktion statt. Dies lässt sich ebenfalls bei Scholer beobachten, der das Format der Kollegialen Beratung als ideale Umsetzung der neuen Ausrichtung von Lernen im beruflichen Kontext sieht. Seiner Meinung nach wird in einer agilen und komplexen Arbeitswelt eine Lernkultur relevant, in der Lernen arbeitsplatznah und ergebnisorientiert, selbstorganisiert und informell stattfinden sollte (vgl. Scholer 2023, 95). Der starke Fokus auf Nutzen und Ergebnisorientierung wird hier nicht kritisch hinterfragt, sondern Kollegiale Beratung als ein Format gefeiert, in dem schnell und für die Unternehmen kostengünstig konkrete Lösungen und Ergebnisse geliefert werden. Theoretisches Wissen wird zugunsten selbstorganisierter Lösungen für individuelle Fragestellungen abgewertet (vgl. ebd.). Diese inhaltliche Verschiebung wird aber nicht durch eine veränderte Begriffsverwendung, wie Kollegiales Coaching, sichtbar gemacht. Scholer bleibt bei der Bezeichnung Kollegiale Beratung.

Schon in der Entwicklungslinie der Supervision ist zu beobachten, dass diese mit der zunehmenden Ökonomisierung der Arbeitswelt mehr und mehr als Absicherung für den ökonomischen Mehrwert der Organisation verstanden wird. Supervision, so wird zunehmend erwartet, hat sich Organisationszielen unterzuordnen bzw. Mitarbeitende darin zu unterstützen, Organisationsziele umzusetzen. Es geht darum, Mitarbeitenden die Organisationsziele auf moderierende Art zu vermitteln und auf diese Weise Konflikte und Auseinandersetzungen um Macht zu vermeiden oder mindestens zu entschärfen. Der Supervision wird damit eine eher moderierende statt eine konfrontierende, aufklärende Rolle zugewiesen (vgl. Althoff 2020, 201 f.). Kollegiale Beratung unterliegt noch stärker der Gefahr einer solchen Instrumentalisierung, zumal die Frage ist, wer sich hier für eine beratungskritische Auseinandersetzung einsetzen sollte, wenn es sich um ein Format handelt, das für Supervision und Coaching auch eine Konkurrenz darstellt.

Es wäre wichtig, dass neben Supervision und Coaching in der Beratungswissenschaft auch für das Format der Kollegialen Beratung eine beratungskritische, theoretische Fundierung erarbeitet wird, die mit dazu beiträgt, dass hier neben der handlungsorientierten Funktion vor allem auch eine verstehende Funktion als relevanter Bestandteil betrachtet wird. Nur so kann Kollegiale Beratung tatsächlich auch ein (kritisch) reflexives Format darstellen. Das Format der Kollegialen Beratung kann nur dann hilfreich sein, wenn es theoretische Erkenntnisse, wissenschaftliche Erkenntnisse und kritisch aufklärende Supervisionsarbeit ergänzt und nicht ersetzt. Noch vor der Arbeit an einer klaren definitorischen Abgrenzung zu den benachbarten Formaten, die ihren Ausdruck in eindeutigen Begrifflichkeiten findet, ist vor allem eine kritische Auseinandersetzung mit bestehenden Theorien und den dahinterliegenden Menschenbildern, die bisher zur Fundierung Kollegialer Beratung genutzt werden, dringend erforderlich.

6.2 Kollegiale Beratung und Coaching

Auf den Punkt gebracht

Die Ausdifferenzierung der arbeitsbezogenen Beratung in die Formate Supervision, Coaching und Kollegiale Beratung weist viele Gemeinsamkeiten zwischen den drei Formaten auf und lässt eine Definition eindeutiger Zuständigkeitsansprüche bisher vermissen. Dennoch lässt sich erkennen, dass Coaching häufig deutlicher auf wirtschaftliche Unternehmensziele ausgerichtet ist und sich dementsprechend zumindest teilweise in einem anderen theoretischen Kontext bewegt als die Supervision. Da wirtschaftlichem Denken ein immer höherer Stellenwert beigemessen wird und dieses auch in sozialen Bereichen immer mehr an Relevanz gewinnt, steht die Supervision vor der Herausforderung, gegenüber dem Coaching als zweitklassig oder weniger wichtig eingestuft zu werden und/oder ebenfalls mehr und mehr auf wirtschaftliche Unternehmensziele hin ausgerichtet zu werden. Das kostengünstige, leiterlose Format der Kollegialen Beratung ist der zuletzt benannten Gefahr noch mehr ausgesetzt, weil hier keine in einem wissenschaftlichen Diskurs dagegen ankämpfende eigene Profession vorhanden ist. So besteht die Gefahr, dass eine Verschiebung der beiden Funktionen von Kollegialer Beratung auf Kosten der verstehenden Funktion und zugunsten der handlungs- und lösungsorientierten Funktion stattfindet und damit Optimierung den Vorzug vor Reflexion erhält.

Kollegiale Beratung sollte zu Supervision und Coaching nicht in Konkurrenz, sondern in Koexistenz treten. Mit seinem Empowerment-Charakter stellt es eine wertvolle Ergänzung dar, kann aber die wichtige Funktion der kritisch-aufklärenden Außenperspektive einer externen Beratung keinesfalls ersetzen. Wichtiger als eine klar definierte Abgrenzung der drei Formate voneinander ist eine kritische Beleuchtung der professionsethischen Unterschiede bezogen auf die Menschenbilder und die Disziplinen, die die verschiedenen Konzepte und Modelle in allen drei Formaten prägen.

Reflexionsfragen

- Reflektieren Sie die Unterschiede und Gemeinsamkeiten von Supervision und Kollegialer Beratung. Überlegen Sie, in welchen Situationen Ihres Handelns das eine oder das andere Beratungsformat sinnvoll sein kann.
- Denken Sie darüber nach, wie Sie Ihrem Arbeitgeber die Wichtigkeit und Unterschiedlichkeit beider Formate erläutern können, um dafür zu werben, in der Praxis beide Formate anwenden zu dürfen.
- Inwiefern unterscheiden sich die Interessen von Arbeitgeber*innen von denen von Arbeitnehmer*innen an arbeitsbezogener Beratung? Inwiefern lassen sich evtl. Unterschiede den unterschiedlichen Formaten (Supervision, Coaching und Kollegiale Beratung) zuordnen?

Weiterführende Literatur

- Siller, Gertrud (2022): Supervision – eine grundlegende Einführung. Stuttgart: Kohlhammer.
- Rauen, Christopher (2014): Coaching (3., überarbeitete und erweiterte Auflage). Göttingen/Bern/Wien u. a.: Hogrefe.
- Belardi, Nando (2018): Supervision und Coaching. Grundlagen, Techniken, Perspektiven (5., völlig überarbeitete Auflage). München: Verlag C. H. Beck.

7 Wie funktioniert Kollegiale Beratung online?

> **Überblick**
>
> In diesem Kapitel werden die verschiedenen digitalen Settings, in denen Kollegiale Beratung mittlerweile durchgeführt wird, aufgezeigt. Anhand des am längsten bestehenden und vielfältig evaluierten Konzeptes des Heilsbronner Modells auf der Plattform kokom.net wird analysiert, wie sich Kollegiale Beratung, als textbasierte asynchrone Onlineform durchgeführt, von der Face-to-Face-Variante unterscheidet. Dabei wird auch der Frage nachgegangen, ob diese Onlineberatung tatsächlich ein eigenständiges Beratungsformat darstellt.

7.1 Kollegiale Beratung in digitalen Settings

Die Digitalisierung und Mediatisierung der Gesellschaft erfasst mittlerweile nahezu alle Lebensbereiche, so auch die Beratungsarbeit. 1995 hat die Telefonseelsorge als erste Einrichtung ein Onlineberatungsangebot per Mail installiert, weil Menschen zunehmend auch über dieses Medium nach Beratung anfragten. Nachdem die Anbietenden in den ersten Jahren nach dem Prinzip des Learning by Doing agierten, hat mit der in den Jahren stetig steigenden Anzahl an Anbietenden und Nutzenden eine Institutionalisierung und Professionalisierung stattgefunden (vgl. Engelhardt 2018, 20 ff.). Das Internet spielt im Leben der Menschen mittlerweile eine zentrale Rolle. Die ARD/ZDF-Onlinestudie macht deutlich, dass das Internet nicht nur bei jungen Menschen, sondern in allen Altersgruppen massiv genutzt wird. 100 Prozent der unter 50-Jährigen, 95 Prozent der 50- bis 69-Jährigen und 80 Prozent der Personen ab 70 Jahre nutzen das Internet. Neben der Anzahl der Nutzer*innen steigt auch die Intensität der Nutzung (vgl. Hörmann, Tschopp & Wenzel 2023, 11).

Wenn Beratung sich an der Lebenswelt der Ratsuchenden orientieren will, muss sie demnach auch online angeboten werden. Zudem stellen die zeitliche und örtliche Flexibilität, die Niedrigschwelligkeit und die Möglichkeit, Beratung anonym in Anspruch zu nehmen, relevante Vorteile dar (vgl. Arnold 2023, 113). Der Aspekt der Anonymität ermöglicht es, schambesetzte und stigmatisierende Themen leichter anzusprechen (▶ Kap. 7.2). Onlineberatung ist als Handlungsfeld Sozialer Arbeit nicht mehr wegzudenken und hat durch die Coronapandemie in rasanter Beschleunigung weiter an Bedeutung gewonnen. Als Formen lassen sich nach Arnold aufklärende Websites, interaktive Selbsthilfeprogramme, Online-Selbsthilfegruppen und Peer-to-Peer-Beratung sowie weitere Formen wie informelle Beratung in virtuellen Welten und natürlich die internetgestützte professionelle Beratung identifizieren (vgl. ebd., 116f.). Letztere findet im deutschsprachigen Raum vorwiegend anonym und schriftbasiert in Form von Mail-, Chat- oder Forumsberatung statt und hat sich in den letzten 20 Jahren als eigenständiges Angebot in der psychosozialen Beratungslandschaft etabliert. Beratung in nicht anonymisierter Form, z. B. als Videoberatung, ist in Deutschland erst in letzter Zeit, basierend auf den Erfahrungen der Coronapandemie, stärker in den Fokus gerückt. Auch für Messenger-Beratung und Blended Counseling, eine Kombination aus Präsenzberatung und digitalisierten Beratungsformen, werden in jüngster Zeit Konzepte entwickelt, Pilotprojekte initiiert und Möglichkeiten und Grenzen auf Fachtagungen diskutiert (vgl. Hörmann, Tschopp & Wenzel 2023, 13f.). Onlineberatung stellt, zumindest bisher, einen Wechsel von überwiegend mündlicher Kommunikation in der Face-to-Face-Beratung zu überwiegend schriftlicher Kommunikation in den digitalen Settings dar, wobei es sich dabei um eine neue Form der Schriftlichkeit, die sogenannte Oralliteratität, die eine Zwischenform von mündlicher und schriftlicher Kommunikation darstellt, handelt (vgl. Arnold 2023, 118).

Auch für das Format der Kollegialen Beratung sind ab dem Jahr 2005 Onlineformen entwickelt worden. Hierbei spielten Social-Media-Plattformen als Vorbilder eine Rolle, die ein Miteinander im virtuellen Raum ermöglichen und damit eine neue Form sozialer Räume darstellten. So entwickelten Personen rund um das Heilsbronner Modell (vgl. Spangler 2012) eine eigene Onlineplattform für Kollegiale Beratung mit dem Namen *kokom.net*. Das Karlsruher Coaching Center entwickelte das Modell *Kollegiale Coaching Konferenz*®, welches auf der Plattform der Führungsakademie Baden-Württemberg durchgeführt wird (vgl. Berninger-Schäfer 2012). Und die *KOBEO Plattform* (Kollegiale Beratung Online) bietet Kollegiale Beratung online für Lehrer*innen an und ist ein Gemeinschaftsprojekt des Vereins für Innovation und Qualitätssicherung in der psychosozialen Versorgung und dem Institut Lerngesundheit.

Während auf kokom.net und KOBEO die Kollegiale Beratung textbasiert und asynchron durchgeführt wird, wird bei der Kollegialen Coaching Konferenz® die textbasierte Kommunikation in einigen Phasen asynchron, in anderen aber synchron durchgeführt.

Definition Onlineberatung

Onlineberatung schließt sämtliche Formen der Beratung ein, »die auf die Infrastruktur des Internets angewiesen sind, um den Prozess der Beratung zu gestalten[,] und die sowohl synchron/asynchron textgebunden (Forum, Einzelberatung, Chat) als auch synchron und textungebunden via Videochat, Avataren oder Internettelefonie stattfinden können. Ebenso sind Mischformen denkbar, wenn im Videochat nebenbei geschrieben werden kann oder beim Einsatz von Avataren über das Mikrofon gesprochen wird« (Engelhardt & Storch 2013, 4 f.).

Asynchrone textgebundene Kommunikation

Zum Beispiel in der Mailberatung. Der Text kann sowohl von der ratsuchenden als auch der bzw. den beratenden Personen zeit- und ortsunabhängig verfasst werden. Die Beantwortung der Mail bzw. die Reaktion auf einen Text erfolgt jeweils zeitversetzt. Es besteht die

Möglichkeit, den Text immer wieder zu überarbeiten. Er kann auch über einen längeren Zeitraum liegen bleiben, bevor er wieder bearbeitet und dann irgendwann abgeschickt wird. Die Textlänge wird von der schreibenden Person bestimmt. Aufgrund der Asynchronität des Settings kann nicht auf die schreibende Person eingewirkt werden und somit der Schreibfluss weder gebremst noch angeregt werden. Der gesamte Beratungsprozess ist Wort für Wort dokumentiert (vgl. Engelhardt 2021, 64).

Synchrone textgebundene Kommunikation

Zum Beispiel in der Chatberatung. Kommunikationsteilnehmer*innen einigen sich auf einen gemeinsamen Termin und einen festen Zeitrahmen. Obwohl z. B. beim Chatten die Inhalte nicht simultan übertragen werden und ja auch erst noch gelesen werden müssen, wird im Kontext der Onlineberatung dennoch häufig von synchroner in Abgrenzung zur asynchronen Beratung gesprochen (vgl. Engelhardt 2021, 66).

Wenn sich eine Gruppe für das Durchführen der Kollegialen Coaching Konferenz® im virtuellen Format findet, erfolgen die Vorstellung und das gegenseitige Kennenlernen Mithilfe des Teamboards. Die Phase der Schilderung des Anliegens erfolgt ebenfalls asynchron über das Teamboard. Alle anderen Phasen können entweder synchron im Chat oder asynchron mit dem Teamboard durchgeführt werden. Die Gruppe legt in der Startphase gemeinsam fest, welche Phase sie wie durchführen möchte. Daher findet die Startphase immer im Chat, also in der synchronen Kommunikation, statt, in dem die moderierende Person Rollenaufteilung, Zeitplan und die Kommunikationsform für die einzelnen Phasen mit der Gruppe bespricht (vgl. Berning-Schäfer 2012, 252 ff.). Außerdem wird die Kollegiale Coaching Konferenz® als Blended-Learning-Modul angelegt, wird also in einem Wechsel aus Online- und Präsenzveranstaltung durchgeführt (vgl. Berning-Schäfer 2012).

Bei KOBEO, wo die Beratung ausschließlich textbasiert und asynchron durchgeführt wird, wird die moderierende Person durch die Anleitungsschritte und Anweisungen auf der Plattform ersetzt. Die Mitglieder der

Gruppe schreiben in einer Art Post ihre Ideen bzw. Texte zu den jeweiligen Phasen auf, so kann es sein, dass die einzelnen Mitglieder sich in unterschiedlichen Phasen des Ablaufsystems befinden (vgl. IQPV e.V.2023).

Es ist davon auszugehen, dass in der Coronapandemie Kollegiale Beratungen auch online in Form von Videokonferenzen durchgeführt wurden und dass sich hiermit eine weitere Form der Kollegialen Beratung online etablieren wird.

Für Westphal, die mit Ihrer Masterarbeit eine empirische Studie zur Akzeptanz von präsenzbasierten und computervermittelten Beratungsszenarien liefert, stellt die Durchführung Kollegialer Beratung über eine Onlineplattform eine Form des E-Learnings dar:

> »Ganz allgemein ist E-Learning ein Arrangement von elektronischen Mitteln, Räumen und Verknüpfungen, das individuell oder gemeinsam zum Lernen bzw. zur Kompetenzentwicklung und Bildung von Lernenden in selbst bestimmten Zeiten genutzt werden kann« (Westphal 2017, 104).

Arnold und Schindler betonen die Relevanz, mit den Plattformen einen sogenannten *Dritten Ort* zu schaffen, einen Ort der vor Zugriff durch höhere Hierarchieebenen bzw. den*die Arbeitgeber*in überhaupt, geschützt und somit vertrauensvoll und sicher ist (vgl. Arnold & Schindler 2018, 309).

7.2 Kollegiale Beratung als textbasierte asynchrone Form

Die textbasierte, asynchrone Form der Beratung nach dem Heilsbronner Modell auf kokom.net sieht vor, dass eine falleinbringende Person ihren Fall schriftlich darlegt und die beratenden Personen den eingebrachten Fall lesen. Die moderierende Person leitet dann computerunterstützt in die nächste Phase ein, indem sie auf den Button »Schritt abschließen« klickt. Es wird angezeigt, in welchem Schritt die Gruppe sich gerade befindet und in einem Kästchen ist noch einmal die wichtigste Regel des Schrittes, der gerade durchgeführt wird, angegeben. Die beratenden Personen sind beim Heilsbronner Modell dann gefordert, Verständnisfragen zur Fallschilderung aufzuschreiben, wenn sie welche haben. Dies geschieht zu dem Zeitpunkt, zu dem es den beratenden Personen zeitlich passt. Sie können dies tun, solange die Phase von der moderierenden Person noch nicht beendet wurde. Irgendwann vergewissert sich die moderierende Person, ob alle Fragen gestellt wurden, und leitet computerunterstützt in die nächste Phase über.

Die Plattform kokom.net wird unter anderem von Studierenden Sozialer Arbeit im berufsbegleitenden Studiengang BASA online der Hochschule München genutzt. Im Modul »Wissenschaftlicher Theorie-Praxistransfer« führen die Studierenden in Gruppen hier mindestens zwei Prozesse Kollegialer Beratung online durch. Die Studierenden wurden zwischen 2016 und 2020 zu ihren Erfahrungen mit dem Format befragt. Die Ergebnisse der Evaluation zeigen, dass viele positiv überrascht waren und die Wirkung aufgrund der wegfallenden Wahrnehmungs- und Kommunikationsmöglichkeiten über Mimik und Gestik schlechter eingeschätzt hatten. Die Befragten stimmten zu, dass die Fallarbeit auch ohne Face-to-Face-Kontakt funktioniert (95 %) sowie die Möglichkeit bietet, Emotionen auszudrücken bzw. wahrzunehmen (80 %), und darüber hinaus auf ungeahnte Ideen bringt (75 %) (vgl. Schindler 2023, 145 ff.). Die Ergebnisse zeigen auch, dass die Zufriedenheit mit der Kollegialen Beratung davon abhängt, wieviel Erfahrungen die Teilnehmenden mit dem Onlinemodell sammeln konnten. Je mehr Erfahrung die Gruppen sammeln konnten, desto zufriedener waren sie (vgl. Arnold & Schindler 2018, 317).

Wie verändert die Asynchronität die Kollegiale Beratung?

Westphal unterzog im Rahmen einer Studie zur Akzeptanz von Kollegialer Beratung im Internet zusammen mit zwanzig freiwillig Teilnehmenden die Plattform kokom.net einem Praxistest, in dem die Teilnehmenden in wechselnden Konstellationen sieben Kollegiale Beratungen mit echten Anliegen aus der Berufspraxis der Teilnehmenden auf dieser Plattform durchführten (vgl. Westphal 2017, 108 ff.). Für die Gruppe bestand der wesentliche Unterschied zur Face-to-Face-Beratung in dem Wegfall der für Kollegiale Beratung charakteristischen Zeitstruktur des Ablaufschemas. Diese Zeitstruktur variiert in der Face-to-Face-Beratung von Modell zu Modell ein wenig, was vor allem einen Unterschied in der Gewichtung der einzelnen Phasen ausmacht. Manche Modelle geben z. B. der Fallerzählung mehr Raum als andere. Und insgesamt wird z. B. der Phase der Nachfragen wenig Zeit eingeräumt, auch um zu verhindern, dass hier Ratschläge als Fragen verpackt werden (▶ Kap. 3 und ▶ Kap. 4.3). Die Entscheidung über diese Gewichtung hat damit in den einzelnen Modellen der Face-to-Face-Beratung die Person getroffen, die das jeweilige Modell entwickelt hat. Die durchführenden Gruppen setzen das Modell lediglich um und halten sich an die vorgegebenen Zeiten für die einzelnen Phasen. Es ist Aufgabe der moderierenden Person, dafür zu sorgen, dass die Gruppe sich an die zeitliche Vorgabe hält. Und genau diese zeitliche Struktur fällt in dem asynchronen Onlineformat weg. »Bei Kollegialer Beratung im Internet ist nicht von vorneherein klar, wie lange ein bestimmter Beratungsschritt oder der gesamte Beratungsprozess dauern wird. Eine zeitliche Strukturierung ist technisch nicht vorgesehen« (ebd., 110). Eine Phase wie das freie Assoziieren kann z. B. nicht nach zehn Minuten beendet werden, da die Teilnehmenden asynchron und damit zeitlich flexibel ihre Assoziationen und Einfälle zu dem Fall auf kokom.net schriftlich festhalten.

> »In der Praxis ergeben sich daraus allerdings einige Schwierigkeiten. So ist beispielsweise weder für die Moderation noch für die anderen Gruppenmitglieder ersichtlich, ob jemand bislang noch keinen Beitrag verfasst hat, weil er oder sie nichts mehr beitragen möchte, oder ob bislang einfach noch keine Gelegenheit dazu bestand« (ebd.).

Das kann zu einer deutlichen Veränderung der Rolle der moderierenden Person führen. Soll die moderierende Person weiterhin nur moderierend, ohne eigene Entscheidungsanteile bleiben, muss sie in der Kollegialen Beratung online entweder vorab das Aushandeln der zeitlichen Struktur der Phasen moderieren oder während der Phasen gezielt nachfragen, ob alle Beteiligten die Beiträge, die sie einbringen wollten, auch eingebracht haben und die Phase beendet werden kann. Sonst droht die Gefahr, dass die moderierende Person entscheidet, wann die Phase beendet wird, und dies z. B. daran misst, ob genügend hilfreiche schriftliche Beiträge eingegangen sind. Dann würde eine deutliche Verschiebung der Machtanteile der moderierenden Person stattfinden. Die Rolle der Moderation ist im Onlineformat damit auf jeden Fall anspruchsvoller als im Face-to-Face-Format (vgl. ebd.).

Die zeitliche Strukturierung der einzelnen Phasen in der Ablaufsystematik hat in der Face-to-Face-Beratung die Funktion, für eine Konzentration auf das Wesentliche zu sorgen und ein thematisches Abschweifen der Gruppe zu verhindern. Diese Funktion fällt mit dem Wegfall der zeitlichen Struktur in der Onlineberatung weg bzw. muss ersetzt werden. Koch weist darauf hin, dass die Verlangsamung des Dialogs, die durch das asynchrone schriftliche Format entsteht, zu einer Fokussierung und Verdichtung führt (vgl. Koch 2012, 133). Die Mühe, die der Prozess des Schreibens mit sich bringt, erzeugt automatisch eine Reduzierung auf das Wesentliche und die schreibende Person überlegt im Vorfeld genauer, wie sie sich ausdrücken muss, um richtig verstanden zu werden. Es könnte also sein, dass der Wegfall der zeitlichen Struktur durch die Schriftlichkeit ausgeglichen wird.

Die Asynchronität erfordert also auf der einen Seite eine stärkere Kommunikationsleistung der moderierenden Person und der Gruppe und verhindert die Vorhersagbarkeit der zeitlichen Dauer der Durchführung. Auf der anderen Seite ermöglicht gerade diese Asynchronität zeitliche und örtliche Flexibilität in der Durchführung. Die Teilnehmenden können zu der Zeit und von dem Ort, die bzw. der für sie passend ist, an der Kollegialen Beratung teilnehmen. Auf diese Weise wird z. B. auch für Mitarbeitende im Schichtsystem eine Teilnahme möglich (vgl. Westphal 2017, 108 ff., Schlegel 2023, 186 f.). Die Kehrseite davon benennt eine Gruppe, die Kollegiale Beratung auf kokom.net sowohl als synchrones als auch als asynchrones Format ausprobiert und die gemachten Erfahrungen im Anschluss in einer gemeinsamen Diskussion ausgewertet hat. Die Teilnehmenden erlebten, dass das gedankliche Immer-wieder-Aussteigen aus der Fallarbeit zu einer weniger konzentrierten Arbeit am Fall führte, als dies in der synchronen Variante der Videokonferenz der Fall war (vgl. Huttenlocher-Drachsler 2023, 179 f.). Zudem ist darauf hinzuweisen, dass der Vorteil der flexiblen Nutzung der Beratung gleichzeitig die Gefahr beinhaltet, auch die letzten, noch vorhandenen kleinen Lücken im Arbeitsablauf

7.2 Kollegiale Beratung als textbasierte asynchrone Form

terminlich zu füllen. Walpuski weist zu Recht auf die Diskrepanz hin, dass damit der Arbeitsalltag weiter verdichtet wird, dies aber gleichzeitig stets positiv als Freiheit beschrieben wird (vgl. Walpuski 2020, 109). Zum anderen zeigt Austermann (2011, 37 ff.) auf, dass Beratung, die Reflexion, Ruhe und Resonanz fördern soll, auch Zeit braucht und daher mindestens auf die Gefahr hinzuweisen ist, dass asynchrone Kollegiale Beratung, die mal eben schnell zwischen zwei Terminen durchgeführt wird, an Qualität verlieren kann. Austermann und Walpuski stellen in diesem Zusammenhang zu Recht einen Bezug zu Hartmut Rosas Beschleunigungstheorie her, die besagt, das technische Neuerungen, die die Arbeit beschleunigen, nicht zu weniger Arbeit und mehr Freizeit führen, sondern nur dazu, dass in kürzerer Zeit mehr geschafft wird. Technische Beschleunigung erhöht das Lebenstempo (vgl. Austermann & Walpuski 2022, 52).

Die Asynchronität kann aber, achtsam und reflektiert im Alltag eingesetzt, auch den gegenteiligen Effekt mit sich bringen und zur Entschleunigung beitragen. Die Teilnehmenden müssen auf gelesene Beiträge nicht sofort reagieren, sondern können diese erstmal »sacken« lassen und somit zu dem Gelesenen wieder in Distanz gehen. Koch erfährt z. B. von ihrer Supervisandin aus der Mailberatung, dass diese, wenn ihr die Reaktion ihrer Supervisorin nicht gefällt, erstmal den Laptop wieder zuklappt (vgl. Koch 2023, 134). Der zeitversetzte Charakter trägt zur Entschleunigung bei, die Raum für Reflexion und das Wahrnehmen eigener Gefühle ermöglicht (vgl. Arnold 2023, 120) und den Ratsuchenden Zeit verschafft, eigene Gefühle und daraus entstehende Erkenntnisse ohne das Publikum der Gruppe zu verdauen.

Die Phase »Assoziationen, Einfälle und Phantasien benennen, die die Falldarstellung bei den Teilnehmenden ausgelöst hat«, ist von der psychoanalytischen Arbeit geprägt (▶ Kap. 5.1) und arbeitet gerade mit den spontanen und emotionalen Anteilen der Beratenden. Die analytische Gruppenarbeit, beispielsweise in Form von Balint-Gruppen, geht davon aus, dass die Fallgruppe die unbewusste Beziehungsstruktur bzw. die dynamischen und emotionalen Anteile der Beziehungsstruktur der im geschilderten Fall vorhandenen Professional-Klient-Beziehung wiederholt (Spiegelungsphänomen ▶ Kap. 5.1) Die einzelnen Mitglieder der Fallgruppe reagieren unterschiedlich auf die eingebrachte Fallerzählung, weil die Erzählung auf die je individuelle Stimmung, Befindlichkeit und Persönlichkeitszüge der einzelnen Mitglieder fällt. »Das spezifische Reagieren – sei es mit Langeweile, depressiven Gefühlen, ärgerlichen Reaktionen, streng-normierenden Impulsen – kann als positiver Verstehensbeitrag gewertet werden« (Lehmenkühler-Leuschner 1998, 36). Die unterschiedlichen eingebrachten Anteile werden in ihrer jeweiligen Eigenart als Teile eines Ganzen gewertet. Reaktionen wie Müdigkeit oder Langeweile auf Erzählbeiträge, die normalerweise eher unterdrückt und nicht ehrlich gezeigt werden würden, stellen in der analytischen Fallarbeit wichtige Hinweise szenischen Grundverstehens dar (vgl. ebd.). »Das Gefühl der Überanstrengung und Ermüdung, das sich z. B. als Grundstimmung bei den Zuhörern manifestiert, bei den einen mit aggressiv-gereizter Beimischung, bei den anderen mit deprimiert-gelähmten oder selbstzweiflerischen Obertönen, sagt uns etwas über die Überforderung« (ebd., 36) die die Beteiligten in dem geschilderten Fall erleben. Auf diese Weise wird ein erlebensmäßiger Zugang zum Fall möglich. Aber genau diese beim ersten Hören bzw. Lesen auftretenden Gefühle laufen Gefahr, durch das zeitversetzte Arbeiten in der asynchronen Form der Onlineberatung gar nicht mehr oder allenfalls nur noch abgeschwächt, z. B. in sozial-erwünschter Form, dargestellt zu werden.

Da es vor der Phase des Assoziierens die Phase des Nachfragens gibt und diese im Onlineformat eben nicht nur fünf Minuten dauert, sondern sich vielleicht auch über ein bis zwei Tage hinziehen kann, ist davon auszugehen, dass die Teilnehmenden bereits länger über den Fall nachgedacht haben, wenn die Phase des freien Assoziierens beginnt. Die Einfälle, die sie dann in dieser Phase aufschreiben, sind dann eben nicht mehr spontan. Es ist davon auszugehen, dass es sich um bereits gefilterte Assoziationen handelt, weil der gehörte Fall sich bereits einige Stunden oder sogar Tage gesetzt hat und mindestens im Unterbewusstsein wirken konnte. Damit wird aber gerade der assoziative Charakter der unmittelbaren Einfälle, und damit der Faktor ›Gruppe als Resonanzraum‹ geschmälert. Auch Huttenlocher-Drachsler (2023), die Erfahrungen mit dem Heilsbronner Modell in synchroner und in asynchroner digitaler Form miteinander vergleicht, kommt zu dem Ergebnis, dass die synchrone Form via Videokonferenz ein tieferes und intensiveres Einsteigen in den Beratungsprozess ermöglicht, als dies die asynchrone, textbasierte Form tut. Sie führt dies unter anderem darauf zurück, dass in der synchronen Form Emotionen, die bei den

7.2 Kollegiale Beratung als textbasierte asynchrone Form

Gruppenmitgliedern entstehen, besser transportiert werden können und diesen damit mehr Bedeutung für den Beratungsprozess beigemessen wird und dass in der asynchronen Form Emotionen auch zurückgehalten werden können (vgl. ebd. 180f.).

Koch beschreibt, bezogen auf die Ungleichzeitigkeit der Kommunikation in der Mailberatung, dass diese bedeutet, dass die schreibende Person nie weiß, in welcher Situation ihr Gegenüber die Antwort liest. Vielleicht ist der Fall längst weiter gegangen und hat an Eskalation zugenommen. Vielleicht geht es dem Gegenüber schlecht und es hat wenig Ressourcen, die geschriebene Konfrontation auszuhalten. Die zeitversetzte schriftliche Kommunikation kann nicht nachgebessert werden, weil die schreibende Person nicht zeitgleich die Reaktion des Gegenübers auf den Text wahrnimmt (vgl. Koch 2012, 96). Hier ist also eine besondere Sensibilität der Teilnehmenden und ein Wissen um die Auswirkungen der Textbasiertheit und der Asynchronität dieser Form der Onlineberatung notwendig.

Wie verändert die Schriftlichkeit die Kollegiale Beratung?

Die schriftliche Kommunikation in der Onlineberatung wird bisher stark unter der Fragestellung betrachtet, ob es sich dabei um ein Gespräch oder einen Text handelt. Der neue Begriff der Oralliteralität bietet hier insofern eine Lösung, als er eine Mischform bezeichnet. Engels und Hintenberger (2023) wagen in einem Artikel den Versuch, auf linguistische Konzepte zurückzugreifen, um Phänomene in der Unterscheidung von mündlicher und schriftlicher Kommunikation zu verstehen. Sie nutzen dabei speziell das Konzept der interaktionalen linguistischen Analyse und fragen nicht mehr nach Einordnung in die Form Text oder Gespräch, sondern nach dem Grad der Interaktion in einem dialogischen Austausch. Welchen Grad an Interaktion ermöglicht welches Setting? Welche sprachlichen Elemente wirken wie in einer Interaktion? Sie kommen zu dem Ergebnis, dass in den unterschiedlichen Settings der Onlineberatung unterschiedliche Versprachlichungsstrategien eingesetzt werden, um Distanz, die durch die medial erzeugte Kommunikation entsteht, zu reduzieren. Das asynchrone Setting z.B. der Mailberatung nutzt vorwiegend das dialogorientierte

Schreiben, welches Elemente mündlich konzipierter Sprache in dosierter Form nutzt. Diese

»dienen der ›Hörbarmachung‹ von Schrift, mit dem Ziel, dass sich beim Lesen eine atmosphärische Präsenz des*der Schreiber*in einstellt. Modalpartikel (also, eigentlich) und Füll- und Verzögerungslaute (hm) sowie die direkte Ansprache (wissen Sie, Maria) werden hier ebenso als Stilmittel eingesetzt wie die Verwendung von Satzbaukonstruktionen, die der mündlichen Kommunikation entlehnt sind« (vgl. Engels & Hintenberger 2023, 12 f.).

Das synchrone Setting z. B. der Chatberatung verwendet stattdessen Elemente eines interaktionsorientierten Schreibstils. Hier werden die schriftlichen und mündlichen Ausdrucksformen noch um eine digitale Form in Gestalt von Emojis, Hyperlinks u. ä. ergänzt (vgl. ebd., 15).

Die Schriftlichkeit in der Beratung birgt sowohl Chancen als auch Gefahren. Das Schreiben an sich regt zur Selbstreflexion an, übt das Ausdrücken von Gedanken und Gefühlen und kann schon durch das Aufschreiben zu neuen Erkenntnissen beitragen. Das Lesen des eigenen Textes kann zum Erschrecken, aber auch zu Erkenntnissen und Einsichten führen (vgl. Koch 2023, 133). Der Prozess des Schreibens trägt dazu bei, dass sich die schreibende Person von dem Problem distanzieren kann, und er strukturiert die Problemwahrnehmung der schreibenden Person (vgl. Arnold 2023, 120). Dies kann man z. B. an dem Rollenwechsel erkennen, den Ratsuchende während des Schreibens teilweise vollziehen. Koch beschreibt, dass ihre Coachees immer mal wieder schreiben: »Sie werden mich jetzt sicher fragen ...« (Koch 2012, 96).

Weitere Vorteile der Schriftlichkeit sind, dass die Texte dauerhaft verfügbar sind und mehrfach hintereinander oder später wieder gelesen werden können.

Dadurch, dass in der computervermittelten Kommunikation (CVK) sowohl Mimik, Gestik und Intonation als auch soziale Hinweisreize wie Alter, Aussehen, Geschlecht, Status nicht mit übertragen werden (Kanalreduktion), kann der Effekt der Enthemmung entstehen. Schindler verweist diesbezüglich auf Studien, die nachweisen, dass computervermittelte asynchrone, textbasierte Kommunikation zu einer erhöhten Selbstoffenbarung führt (vgl. Schindler 2023, 142). Arnold sieht dies als positiven Effekt für die Beratung an, weil Ratsuchende eher und schneller in der

Lage sind, z. B. schambesetzte Themen anzusprechen (vgl. Arnold 2023, 118 f.). Koch lässt eine*n Coachee von sich zu Wort kommen:

> »Es ist ja nur ein Medium und keine Person. […] Zum einen kann man ohne Schamgefühl und unter dem Beichtgeheimnis alles ansprechen und artikulieren. Man muss sich vor nichts und niemanden schämen – und schon gar nicht fürchten. […] Auf der einen Seite haben sie eine sehr persönliche Bindung zum Coach, auf der anderen Seite gibt es aber keine persönlichen Hemmschwellen, weil man sich ja persönlich nicht kennt« (Koch 2012, 96).

Austermann und Walpuski sehen darin auch eine Gefahr, weil »Schutzmechanismen wie Schamgefühle, die in einer Präsenzsituation griffen, entfallen« (Austermann & Walpuski 2022, 52). Bude arbeitet Ende der 1980er Jahre auf Basis seiner Forschung zu Erziehungs- und Praxisberatung eine Beratungskritik heraus. Er stellt fest, dass sich die verabredeten problembezogenen Beratungen auf Grundlage der Interventionen der Beratenden nach und nach in vorwiegend personenbezogene Beratungen verwandelten. Die Probleme, die die Ratsuchenden mitbrachten, wurden vorwiegend individualisiert und die Beratung nahm einen therapierenden Charakter an, ohne dass dies mit den Ratsuchenden im Vorfeld kontraktiert worden wäre (vgl. Gröning 2013, 47).

Austermann und Walpuski weisen darauf hin, dass der Effekt der Enthemmung und erhöhten Selbstoffenbarung Beratende dazu verführen kann, die Beratung immer mehr in eine nicht verabredete personenbezogene Beratung umzuwandeln, was aus ethischer Perspektive als problematisch deklariert werden muss (vgl. Austermann & Walpuski 2022, 52). Diese Schwierigkeit wird auch in der Äußerung, die die Coachee von Koch macht, sichtbar, in dem sie das Bild des Beichtstuhls verwendet. Nach Foucault hat Beichte zum Ziel, dass die Gläubigen ihre geheimsten Gedanken preisgeben, die Wahrheit aus sich selbst hervorholen und denen preisgeben, die sie führen und über sie urteilen (vgl. Stäblein 2015, Foucault 1987, 248). Die katholische Kirche nutzt dafür die Anonymität des Beichtstuhls, um Kirchenmitgliedern mehr Sünden zu entlocken als im direkten Kontakt. Foucault zeigt auf, wie Pastoralmacht im Laufe der Zeit säkularisiert wird und zur Aufrechterhaltung und Reproduktion gesellschaftlicher Verhältnisse beiträgt (vgl. ebd., 248 ff.). Onlineberatung, die das schnellere Ansprechen schambesetzter Themen in der Beratung preist und gerade diesen Teil nicht kritisch reflektiert, muss sich den Vorwurf gefallen lassen, das Tripelmandat (vgl. Staub-Bernasconi 2019) nicht mehr zu bedienen, sondern einseitig die Seite des gesellschaftlichen Auftrages zu erfüllen. Mit der Anonymität und der Kanalreduktion der Onlineberatung werden Ratsuchende verführt, schneller mehr von sich preiszugeben als in der Face-to-Face-Beratung. Damit werden Themen wie Suizidalität und sexuelle Gewalt, die bisher nur schwer zu fassen waren, jedoch endlich auch besser von der Sozialen Arbeit bearbeitbar. Welche Auswirkungen das Preisgeben solcher Themen für die Ratsuchenden und für die Professionellen hat, wird bisher wenig in den Blick genommen. Gerade für die Kollegiale Beratung, die ohne leitende, professionell ausgebildete Berater*innen auskommt, muss der Aspekt der Enthemmung kritisch reflektiert werden und Schutzmechanismen vor einer zu schnellen zu starken Öffnung durchdacht werden.

Beratungssituationen mit CVK verstärken nach Arnold die in der Beratung ohnehin schon vorhandene Tendenz zu Projektion und Imagination, weshalb das Überprüfen innerer Bilder eine wesentliche Kompetenz von Onlineberater*innen darstellt (vgl. Arnold 2023, 119). Texte lassen stets Raum für Interpretationen, diese finden bewusst und unbewusst statt.

> »Die unbewusste Interpretation einer schriftlichen Anfrage ist ein Prozess, der beim Lesen eines Textes automatisch passiert. Texte lösen Resonanzen aus und lassen Bilder im Kopf der Berater:innen entstehen, die etwas mit der Person hinter der Anfrage zu tun haben können, jedoch nicht müssen« (Kühne 2021, 84).

Oder wie Brunner feststellt:

> »Obwohl geschriebene Texte im Gegensatz zum gesprochenen Wort weit größere Möglichkeiten zur bewussten Auswahl und zur Reflexion dessen bergen, was jemand äußern möchte, sagt der Text dem Leser trotzdem mehr und anderes, als sein Schreiber bei aller Sorgfalt der Wortwahl schreiben und ausdrücken wollte« (Brunner 2006, 5).

Es kann demnach in der Onlineberatung auch schnell die Gefahr von voreiligen Einschätzungen und/oder Fehlschlüssen entstehen. Daher braucht es hier noch stärker als in der Face-to-Face-Beratung einen sorgfältigen und besonnen Umgang mit der Trennung von Fakten und Vermutungen. In der Mailberatung hat sich daher etabliert, eigene Vermutungen als solche zu kennzeichnen, z. B. indem man sich eine Bestätigung

7.2 Kollegiale Beratung als textbasierte asynchrone Form

einholt, ob man etwas richtig verstanden oder interpretiert hat (vgl. Kühne 2021, 85). Es bedarf eines vor psychischen Verletzungsgefahren schützenden Settings, und das gerade in dem Format der Kollegialen Beratung, welches sich ja durch das Fehlen einer externen leitenden Funktion charakterisiert, da ein unmoderierter Gruppenprozess eine nur noch schwer zu steuernde Gruppendynamik entfalten kann:

> »Denn textbasierte, asynchrone Onlinekommunikation ist, anders als oft naiv vermutet, kein technisch-kaltes Medium, sondern birgt unmoderiert im Gegenteil die Gefahr der Überhitzung und Konfrontation, bei der die notwendige Wertschätzung aller für alle Beteiligten verloren gehen kann« (Schindler 2023, 143).

Für die Kollegiale Beratung im digitalen Setting würde sich also noch einmal mehr als im Face-to-Face-Bereich eine Einführung in das Format gekoppelt mit dem Erwerb von digitalen Beratungskompetenzen anbieten. Für den Umgang mit bewussten und unbewussten Interpretationen sind, zumindest für den schriftsprachlichen Bereich der Onlineberatung, mittlerweile z. B. mit dem Vier-Folien-Konzept von Knatz (Knatz & Dodier 2003) oder der Landkarte des Verstehens von Hintenberger (2019) gute methodische Konzepte entwickelt worden, in die Teilnehmende von Kollegialer Beratung online eingeführt werden könnten.

Auf den Punkt gebracht

Kollegiale Beratung wird derzeit online in Form einer Videokonferenz, als textbasierte asynchrone Form auf einer Plattform oder in einem Wechsel aus synchroner Chatberatung und asynchroner textbasierter Beratung durchgeführt. Vor der Coronapandemie hat sich die Literatur überwiegend mit der asynchronen textbasierten Form Kollegialer Beratung online auseinandergesetzt. Die Schriftlichkeit führt an sich schon zu neuen Erkenntnissen und strukturiert die Problemwahrnehmung neu. Auch bzw. gerade für Kollegiale Beratung online ist eine Einführung/Schulung in das Format notwendig, um für Effekte wie den der Enthemmung durch die Kanalreduktion und den der Projektion/Imagination und ihre Folgen zu sensibilisieren. Die Asynchronität verändert die zeitliche Struktur der Ablaufsystematik und verlangt eine stärkere Kommunikation der moderierenden Person. Die durch die Asynchronität entstehende zeitliche Flexibilität beinhaltet einerseits die Gefahr der Beschleunigung des Lebenstempos und damit einen Qualitätsverlust der Reflexion, andererseits und gleichzeitig aber auch die Chance der Entschleunigung und einer damit einhergehenden längeren Auseinandersetzung mit dem Reflexionsprozess.

Reflexionsfragen

- Wie müsste aus Ihrer Sicht die Einführung des Modells Kollegialer Onlineberatung aussehen? Welche Schritte müssten im Vorfeld bedacht werden?
- Wie würden Sie den Gefahren der zu großen Selbstoffenbarung in Onlineformaten begegnen? Welche »Sicherungssysteme« würden Sie einrichten wollen?
- Kann die Kollegiale Onlineberatung aus Ihrer Sicht die Face-to-Face-Beratung ersetzen? Warum bzw. warum nicht? Finden Sie Gründe.

Weiterführende Literatur

- Engelhardt, Emily M. (2018): Lehrbuch Onlineberatung. Göttingen: Vandenhoeck & Ruprecht.
- Hörmann, Martina, Tschopp, Dominik & Wenzel, Joachim (2023): Digitale Beratung in der Sozialen Arbeit. Stuttgart: Kohlhammer.
- Schindler, Wolfgang & Spangler, Gerhard (2023): Kollegiale Beratung. Online und offline im Heilsbronner Modell (3., vollständig überarbeitete Auflage). Göttingen: Vandenhoeck & Ruprecht.

Literaturverzeichnis

Ader, Sabine (2006): Was leitet den Blick? Wahrnehmung, Deutung und Intervention in der Jugendhilfe. Weinheim, München: Juventa.

Ader, Sabine & Schrapper, Christian (2022): Sozialpädagogische Diagnostik und Fallverstehen in der Jugendhilfe (2., aktualisierte Auflage). München: Reinhardt.

Althoff, Monika (2020): Fallsupervision. Diskursgeschichte und Positionsbestimmung. Gießen: Psychosozial Verlag.

Arnold, Patricia & Schindler, Wolfgang (2018): Kollegiale Beratung online als Brücke zwischen Studium und Praxis der Sozialen Arbeit. In: Arnold, Patricia, Griesehop, Hedwig Rosa & Füssenhäuser, Cornelia (Hrsg.): Profilierung Sozialer Arbeit online (S. 301–321). Wiesbaden: Springer VS.

Arnold, Patricia (2023): Wirksamkeit von Onlineberatung – grundlegende Befunde der Forschung. In: Schindler, Wolfgang & Spangler, Gerhard (Hrsg.): Kollegiale Beratung. Online und offline im Heilsbronner Modell (3., vollständige überarbeitete Auflage) (S. 113–125). Göttingen: Vandenhoeck & Ruprecht.

Austermann, Frank (2011): Schneller zuhören geht nicht – und auch nicht beschleunigt beraten: TelefonSeelsorge und Supervision in Zeiten sozialer Beschleunigung. In: Supervision. Mensch, Arbeit, Organisation 29 (4), S. 37–41.

Austermann, Frank (2013): Coaching, das Personal entwickelt, Personen ausschließt und Personenentwicklung instrumentalisiert. Ein diskursanalytischer Blick auf Schreyöggs Beratungsverständnis und ihren Rückgriff auf Neubergers ›Personalentwicklung‹. In: FoRuM Supervision. Onlinezeitschrift für Beratungswissenschaft und Supervision 21 (42), S. 35–40.

Austermann, Frank & Wagenaar, Sylvia (2022): Personalsituation multiprofessioneller Teams in Einrichtungen der Psychologischen Beratung in evangelischer Trägerschaft – Ergebnisse eines empirischen Forschungsprojektes. In: Fokus Beratung. Evangelische Konferenz für Familien- und Lebensberatung e. V. Fachverband für Psychologische Beratung und Supervision, 38. Ausgabe I Mai 2022, S. 31–36.

Austermann, Frank & Walpuski, Volker Jörn (2022): Phänomenologische, sozialtheoretische und beratungsethische Reflexionen zur Chatseelsorge. In: FoRuM Supervision. Onlinezeitschrift für Beratungswissenschaft und Supervision 30 (59), S. 46–55.

Balz, Hans-Jürgen (2021): Kollegiale Beratung, Intervision. In: Amthor, Ralph-Christian, Goldberg Brigitta, Hansbauer, Peter, Landes, Benjamin & Wintergerst, Theresia (Hrsg.): Wörterbuch Soziale Arbeit (9., vollständig überarbeitete und aktualisierte Auflage) (S. 530–531). Weinheim: Beltz Juventa.

Bauer, Annemarie, Gröning, Katharina, Hoffmann, Cornelia & Kunstmann, Anne-Christin (2012): Grundwissen Pädagogische Beratung. Göttingen: Vandenhoeck & Ruprecht.

Bauer, Petra (2014): Kooperation als Herausforderung in multiprofessionellen Handlungsfeldern. In: Faas, Stefan & Zipperle, Mirjana (Hrsg.): Sozialer Wandel. Herausforderungen für Kulturelle Bildung und Soziale Arbeit (S. 273–284). Wiesbaden: Springer VS.

Bauer, Petra (2018): Fallbesprechungen in multiprofessionellen Teams in der Erziehungsberatung. In: Bohnsack, Ralf, Kubisch, Sonja & Streblow-Poser, Claudia (Hrsg.): Soziale Arbeit und Dokumentarische Methode. Methodologische Aspekte und empirische Erkenntnisse (S. 287–306). Opladen/Berlin/Toronto: Budrich.

Belardi, Nando (2018): Supervision und Coaching. Grundlagen, Techniken, Perspektiven (5. völlig überarbeitete Auflage). München: Verlag C. H. Beck.

Berninger-Schäfer, Elke (2012): Die virtuelle Kollegiale Coaching Konferenz®. In: Geißler, Harald & Metz, Maren (Hrsg.): E-Coaching und Online Beratung. Formate, Konzepte, Diskussionen (S. 247–260). Wiesbaden: Springer VS.

Brunner, Alexander (2006): Methoden des digitalen Lesens und Schreibens in der Online-Beratung In: e-beratungsjournal.net – Zeitschrift für Online-Beratung und computervermittelte Kommunikation 2 (2). Unter: https://www.e-beratungsjournal.net/ausgabe_0206/brunner.pdf, Zugriff am 20.09.2023.

Bürgisser, Herbert (2006): Intervision: eine innovative Form selbstorganisierten Lernens. In: Steinebach, Christoph (Hrsg.): Handbuch psychologische Beratung (S. 564–573). Stuttgart: Klett-Cotta.

DAKJEF (2001): Fachliche Standard von Ehe-, Familien- und Lebensberatungsstellen. Unter: http://www.dakjef.de/pdf/fachliche_standards_efl.pdf, Zugriff am 20.09.2022.

EKFuL (2000): Leitlinien für die Psychologische Beratung in evangelischen Erziehungs-, Ehe-, Familien- und Lebensberatungsstellen im Bereich der Evangelischen Kirche in Deutschland und des Diakonischen Werkes. Unter: https://www.ekful.de/fileadmin/user_upload/PDFs/Veroeffentlichungen/LeitlinienAktualisierung2002_DinA4.pdf, Zugriff am 20.09.2022.

Engelhardt, Emily M. & Storch, Stefanie D. (2013): Was ist Onlineberatung? – Versuch der systematischen begrifflichen Einordnung der ›Beratung im Internet‹. In: e-beratungsjournal.net – Zeitschrift für Online-Beratung und computervermittelte Kommunikation 9 (2), S. 1–12.

Engelhardt, Emily M. (2018): Lehrbuch Onlineberatung. Göttingen: Vandenhoeck & Ruprecht.

Engelhardt, Emiliy M. (2021): Lehrbuch Onlineberatung (2., erweiterte Auflage). Göttingen: Vandenhoeck & Ruprecht.

Engels, Sylvia & Hintenberger, Gerhard (2023): Interaktionsorientierte Versprachlichungsstrategien in der schriftbasierten Onlineberatung. In: e-beratungsjournal.net. Zeitschrift für Online-Beratung und computervermittelte Kommunikation 19 (1), S. 1–20.

Fallner, Heinrich & Gräßlin, Hans-Martin (1990): Kollegiale Beratung. Eine Systematik zur Reflexion des beruflichen Alltags. Hille: Ursel Busch Fachverlag.

Fengler, Jörg, Sauer, Susanne & Stawicki, Claudia (2000): Peer-Group-Supervision. In: Pühl, Harald (Hrsg.): Handbuch der Supervision 2 (2., überarbeitete Auflage) (S. 172–183). Berlin: Edition Marhold.

Fietze, Beate (2015): Coaching auf dem Weg zur Profession? Eine professionssoziologische Einordnung. In: Schreyögg, Astrid & Schmidt-Lellek, Christoph (Hrsg.): Die Professionalisierung von Coaching. Ein Lesebuch für den Coach (S. 3–22). Wiesbaden: Springer.

Fischer, Jürgen & Feuerstein, Heinz-Joachim (2022): Coaching und Kollegiale Beratung für Bürgermeister. In: Witt, Paul (Hrsg.): Karrierechance Bürgermeisteramt. Leitfaden für die erfolgreiche Kandidatur und Amtsführung (3. neu bearbeitete Auflage) (S. 303–3015). Stuttgart: Richard Boorberg.

Foucault, Michel (1987): Das Subjekt und die Macht. In: Dreyfus, Hubert L. & Rabinow, Paul (Hrsg.): Michel Foucault. Jenseits von Strukturalismus und Hermeneutik (S. 243–261). Frankfurt am Main: Athenäum Verlag.

Glenn, Penelope (2022): Psychoanalytische Zugänge zum Verstehen in der Sozialen Arbeit. In: Ader, Sabine & Schrapper, Christian (Hrsg.): Sozialpädagogische Diagnostik und Fallverstehen in der Jugendhilfe (2., aktualisierte Auflage) (S. 192–203). München: Reinhardt.

Greif, Siegfried, Scholl, Wolfgang & Möller, Heidi (2018): Coachingdefinitionen und -konzepte. In: Greif, Siegfried, Scholl, Wolfgang & Möller, Heidi (Hrsg.): Handbuch Schlüsselkonzepte im Coaching (S. 1–10). Berlin: Springer.

Griewatz, Hans-Peter (2018): »Supervision ist Coaching für helfende Berufe« oder: Über die Invasion gouvernementaler Beratungspraxis – Eine Polemik. In: FoRuM Supervision. Onlinezeitschrift für Beratungswissenschaft und Supervision 26 (51), S. 75–81.

Groeben, Norbert, Wahl, Diethelm, Schlee, Jörg & Scheele, Brigitte (1988): Das Forschungsprogramm Subjektive Theorien: eine Einführung in die Psychologie des reflexiven Subjekts. Tübingen: Francke. Unter: https://nbn-resolving.org/urn:nbn:de:0168-ssoar-27658, Zugriff am 11.01.2022.

Gröning, Katharina (2013): Supervision. Traditionslinien und Praxis einer reflexiven Institution. Gießen: Psychosozial-Verlag.

Gröning, Katharina & Schütze, Fritz (2016): Fallsupervision als hermeneutische Methode – eine Würdigung der Fallanalyse von Fritz Schütze. Zusammenfassung des Festvortrages anlässlich des fünfjährigen Bestehens des Masterstudiengangs

Supervision und Beratung. In: FoRuM Supervision. Onlinezeitschrift für Beratungswissenschaft und Supervision 24 (47), S. 4–11.

Gudjons, Herbert (1983): Berufsbezogene Selbsterfahrung durch Fallbesprechungen in Lehrergruppen – mit einem Leitfaden. In: Mutzeck, Wolfgang & Pallasch, Waldemar (Hrsg.): Handbuch zum Lehrertraining. Konzepte und Erfahrungen (S. 258–266). Weinheim/Basel: Beltz.

Hebecker, Eike & Wergen, Jutta (2016): Kollegiales Coaching für Promovierende In: Hebecker, Eike, Szczyrba, Birgit & Wildt, Beatrix (Hrsg.): Beratung im Feld der Hochschule. Formate, Konzepte, Strategien, Standards (S. 163–172). Wiesbaden: Springer.

Heigl-Evers, Annelise (1975): Die Stufentechnik der Supervision. In: Gruppenpsychotherapie und Gruppendynamik 9 (1), S. 43–54.

Heiner, Maja (2012): Handlungskompetenz »Fallverstehen«. In: Becker-Lenz, Roland, Busse, Stefan, Ehlert, Gudrun & Müller-Hermann, Silke (Hrsg.): Professionalität Sozialer Arbeit und Hochschule. Wissen, Kompetenz, Habitus und Identität im Studium Sozialer Arbeit (S. 201–218). Wiesbaden: Springer VS.

Herwig-Lempp, Johannes (2016): Ressourcenorientierte Teamarbeit. Systemische Praxis der kollegialen Beratung. Ein Lern- und Übungsbuch (4. Auflage). Göttingen: Vandenhoeck & Ruprecht.

Hintenberger, Gerhard (2019): Prozessmodelle für die schriftbasierte Onlineberatung. In: e-beratungsjournal.net. Zeitschrift für Online-Beratung und computervermittelte Kommunikation 15 (1), S. 26–37.

Hollstein-Brinkmann, Heino & Knab, Maria (2016): Beratung zwischen Tür und Angel: Professionalisierung von Beratung in offenen Settings. Wiesbaden: Springer VS.

Hollenstein, Lea & Kunz, Regula (2019): Kasuistik in der Sozialen Arbeit. An Fällen lernen in Praxis und Hochschule. Opladen/Berlin/Toronto: Budrich.

Hörmann, Martina, Tschopp, Dominik & Wenzel, Joachim (2023): Digitale Beratung in der Sozialen Arbeit. Stuttgart: Kohlhammer.

Hurtienne, Karen (2006): Nutzeffekte multiprofessioneller Teamarbeit in Familienorientierten Psychologischen Beratungsstellen kirchlicher Trägerschaft. Dissertation, Universität Leipzig.

Huttenlocher-Drachsler, Natalie (2023): Synchron oder asynchron? Kollegiale Beratung online. In: Schindler, Wolfgang & Spangler, Gerhard (Hrsg.): Kollegiale Beratung. Online und offline im Heilsbronner Modell (3., vollständig überarbeitete Auflage) (S. 177–183). Göttingen: Vandenhoeck & Ruprecht.

IKB – Institut für kollegiale Beratung (2020): Kollegiale Beratung Online: Feedback & Evaluation. Unter: https://www.kokom.net/page_461.html, Zugriff am 03.05.2022.

IQPV e.V. (2023): Kollegiale Beratung Online. Unter: https://www.kobeo-lehrer.de/index.php, Zugriff am 09.07.2023.

Kamp, Beate (2020): Kollegiale Beratung Online nachhaltig wirksam. Dokumentation eines Fallberatungsprozesses auf kokom.net. Unter: https://www.kokom.

net/assets/oos/mdb/8/Kamp_Kollegiale-Beratung-auf-kokom.net.pdf, Zugriff am 30.04.2022.

Knatz, Birgit & Dodier, Bernard. (2003): Hilfe aus dem Netz. Theorie und Praxis der Beratung per E-Mail. Stuttgart: Klett-Cotta.

Koch, Brigitte (2012): ‚onlineCoaching': ein geschriebener Dialog unabhängig von Zeit und Raum. In: Geißler, Harald & Metz, Maren (Hrsg.): E-Coaching und Online-Beratung (S. 87–100). Wiesbaden: Springer VS.

Koch, Brigitte (2023): Reden ist Silber, Schweigen ist Gold: Wie Supervision textbasiert und zeitversetzt gelingt. In: Schindler, Wolfgang & Spangler, Gerhard (Hrsg.): Kollegiale Beratung. Online und offline im Heilsbronner Modell (3., vollständig überarbeitete Auflage) (S. 126–138). Göttingen: Vandenhoeck & Ruprecht.

König, Oliver & Schattenhofer, Karl (2015): Einführung in die Gruppendynamik (7. Auflage). Heidelberg: Carl-Auer.

König, Oliver & Schattenhofer, Karl (2017): Einführung in die Fallbesprechung und Fallsupervision. Heidelberg: Carl-Auer.

Korf, Tim-Nicolas (2022): Humanistisches Menschenbild. Unter: https://www.social net.de/lexikon/Humanistisches-Menschenbild, Zugriff am 19.09.2022.

Küchler, Tom & Wolfer, Dieter (2008): Selbstreflexion und Kollegiales Coaching – Handlungsoptimierungen in Streetwork und Mobile Jugendarbeit. In: Stefan Gillich (Hrsg.): Bei Ausgrenzung Streetwork. Handlungsmöglichkeiten und Wirkungen (S. 166–211). Gelnhausen: Triga.

Kühl, Wolfgang & Schäfer, Erich (2019): Intervision im Kontext von VUKA-Welt und New Work. In: OSC Organisationsberatung Supervision Coaching 26 (4), S. 471–484.

Kühl, Wolfgang & Schäfer, Erich (2020): Intervision. Grundlagen und Perspektiven. Wiesbaden: Springer.

Kühne, Stefan (2021): Onlineberatung – ein Setting mit Folgen. In: Bundesinstitut für Erwachsenenbildung (bifeb) (Hrsg.): Zukunftsfeld Bildungs- und Berufsberatung VI. Komplexität abbilden und gestalten: Was haben wir im Blick? (S. 79–88). Bielefeld: wbv.

Lehmenkühler-Leuschner, Angelica (1998): Die institutionsanalytische Balintgruppe: Zum Verstehen psychosozialer Dynamik des Unbewußten in beruflich-institutionellen Situationen. In: FoRuM Supervision Zeitschrift für Beratungswissenschaft und Supervision 6 (11), S. 33–57.

Linderkamp, Rita (2011): Kollegiale Beratungsformate. Genese, Konzepte und Entwicklung. Bielefeld: W. Bertelsmann.

Lippmann, Eric D. (2009): Intervision. Kollegiales Coaching professionell gestalten (2., aktualisierte Auflage). Heidelberg: Springer.

Lippmann, Eric D. (2013): Intervision. Kollegiales Coaching professionell gestalten (3., überarbeitete Auflage). Berlin, Heidelberg: Springer.

Lödermann, Anne-Marie & Macha, Hildegard (2011): Entwicklung der Führungsqualität durch Kollegiale Beratung. In: Göhlich, Michael, Weber, Susanne Maria,

Schiersmann, Christiane & Schröer, Andreas (Hrsg.): Organisation und Führung. Beiträge der Kommission Organisationspädagogik (S. 255–264). Wiesbaden: Springer VS.

Lust, Michael, Meister-Scheytt, Claudia & Scheytt, Tobias (2019): Kollegiale Beratung unter Qualitätsmanagern in Hochschulen. In: OSC Organisationsberatung Supervision Coaching 26 (4), S. 485–496.

Möller, Heidi & Wagenaar, Sylvia (2017): Intervision als Qualitätssicherungsinstrument in der Psychotherapie. In: Möller, Heidi & Lohmer, Mathias (Hrsg.): Supervision in der Psychotherapie. Grundlagen – Forschung – Praxis (S. 104–119). Stuttgart: Kohlhammer.

Morbitzer, Leopold, Morbitzer, Petra & Dietzfelbinger, Maria (2005): Das Multiprofessionelle Team. Teamarbeit in Integrierten Psychologischen Beratungsstellen kirchlicher Träger. In: Wege zum Menschen. Zeitschrift für Seelsorge und Beratung, heilendes und soziales Handeln 57, S. 373–404.

Mutzeck, Wolfgang (1996): Kooperative Beratung. Grundlagen und Methoden der Beratung und Supervision im Berufsalltag. Weinheim: Deutscher Studien Verlag.

Mutzeck, Wolfgang (2008): Kooperative Beratung. Grundlagen, Methoden, Training, Effektivität (6., ergänzte und erweiterte Auflage). Weinheim/Basel: Beltz.

Patrzek, Andreas & Scholer, Stefan (2018): Systemisches Fragen in der Kollegialen Beratung. Weinheim/Basel: Beltz.

Rappe-Giesecke, Kornelia (2009): Supervision für Gruppen und Teams (4. aktualisierte Auflage). Heidelberg: Springer.

Rauen, Christopher (2014): Coaching (3., überarbeitete und erweiterte Auflage). Göttingen/Bern/Wien u. a.: Hogrefe.

Remhof, Stefan & Ayoub, Mark R. (2021): Fachexkursionen ins Ausland im Rahmen der praxisorientierten Hochschullehre – Eine Betrachtung unter Verwendung des erfahrungsbasierten Lernens. In: Hattula, Cansu, Hilgers-Sekowsky, Julia & Schuster, Gabriele (Hrsg.): Praxisorientierte Hochschullehre. Insights in innovative sowie digitale Lehrkonzepte und Kooperationen mit der Wirtschaft (S. 403–414). Wiesbaden: Springer Gabler.

Roddewig, Marion (2016): Kollegiale Beratung in der Gesundheits- und Krankenpflegeausbildung. Kollegiale Beratung als Form der selbstgesteuerten Lernbegleitung. In: PADUA. Fachzeitschrift für Pflegepädagogik, Patientenedukation und -bildung 11 (1), S. 37–44.

Rogers, Carl (1983): Der neue Mensch. Stuttgart: Klett-Cotta.

Rogers, Carl (2014): Die nicht-direktive Beratung (14. ungekürzte Auflage). Frankfurt am Main: Fischer-Taschenbuch-Verl.

Rotering-Steinberg, Sigrid (1983): Anleitungen zum Selbsttraining für Lehrergruppen. Entwicklung und Evaluation eines Programms zur Kommunikation, Praxisberatung und Selbstkontrolle. Weinheim/Basel: Beltz.

Rotering-Steinberg, Sigrid (1985): Kollegiale Supervision zur Unterstützung und Bewältigung des Berufsalltags. In: Deutsches Institut für Fernstudien an der Universität Tübingen (Hrsg.): Fernstudium Erziehungswissenschaft. Pädagogisch-psychologische Grundlagen für das Lernen in Gruppen. Studienbrief 2. Kooperation zwischen Lehrern. Grundlagen und Trainingsmaterialien (S. 54–94). Tübingen: Deutsches Institut für Fernstudien.

Rotering-Steinberg, Sigrid (1990): Ein Modell kollegialer Praxisberatung. In: Pühl, Harald (Hrsg.): Handbuch der Supervision. Beratung und Reflexion in Ausbildung, Beruf und Organisation (S. 428–440). Berlin: Edition Marhold im Wissenschaftsverlag Volker Spiess.

Rotering-Steinberg, Sigrid (1999): Anleitungen zur Kollegialen Supervision. Ein professioneller und persönlicher Entwicklungs- und Wachstumsprozess zur Selbstevaluation und Qualitätssicherung. Tübingen: dgvt-Verlag.

Rotering-Steinberg, Sigrid (2001): Kollegiale Supervision im Selbst-Training: Rückblick nach zwei Jahrzehnten und Vorausschau. In: Gruppendynamik & Organisationsberatung: Zeitschrift für die Entwicklung von Gruppen, Personen und Organisationen 32 (4), S. 379–392.

Rotering-Steinberg, Sigrid (2005): Anleitungen zur Kollegialen Supervision und Qualitätszirkelarbeit sowie zum Kollegialen Coaching (Materialien). Tübingen: dgvt-Verlag.

Ryschka, Jurij & Tietze, Kim-Oliver (2011): Beratungs- und betreuungsorientierte Personalentwicklungsansätze. In: Solga, Marc, Ryschka, Jurij & Mattenklott, Axel (Hrsg.): Praxishandbuch Personalentwicklung. Instrumente, Konzepte, Beispiele (3. vollständig überarbeitete und erweiterte Auflage) (S. 95–136). Wiesbaden: Springer Gabler.

Schattenhofer, Karl (2022): Sehen viele mehr als einer? Teamdynamiken beim Fallverstehen in kollegialen Fallbesprechungen. In: Ader, Sabine & Schrapper, Christian (Hrsg.): Sozialpädagogische Diagnostik und Fallverstehen in der Jugendhilfe (2., aktualisierte Auflage) (S. 192–203). München: Reinhardt.

Schindler, Wolfgang (2019): Kommentar zu »Buchtipp: Systemisches Fragen in der kollegialen Beratung – Patrzek/Scholer«. Unter: https://www.bildungsmanagement.guru/2019/06/26/buchtipp-systemisches-fragen-in-der-kollegialen-beratung-patrzek-scholer/, Zugriff am 13.01.2022.

Schindler, Wolfgang (2020): Kollegiale Beratung [online]. socialnet Lexikon. Bonn: socialnet. Unter: https://www.socialnet.de/lexikon/Kollegiale-Beratung, Zugriff am 08.12.2021.

Schindler, Wolfgang (2023): Beratung online: textbasiert und asynchron. In: Schindler, Wolfgang & Spangler, Gerhard (Hrsg.): Kollegiale Beratung. Online und offline im Heilsbronner Modell (3., vollständig überarbeitete Auflage) (S. 139–163). Göttingen: Vandenhoeck & Ruprecht.

Schindler, Wolfgang & Spangler, Gerhard (2022): Kollegiale Beratung. Online und offline im Heilsbronner Modell. Vorankündigung. Unter: https://www.kokom.net/assets/oos/mdb/13/Vorankuendigung.pdf, Zugriff am 26.07.2022.

Schindler, Wolfgang & Spangler, Gerhard (Hrsg.) (2023): Kollegiale Beratung. Online und offline im Heilsbronner Modell (3., vollständig überarbeitete Auflage). Göttingen: Vandenhoeck & Ruprecht.

Schlee, Jörg (2008): Kollegiale Beratung und Supervision für pädagogische Berufe. Hilfe zur Selbsthilfe. Ein Arbeitsbuch (2., erweiterte Auflage). Stuttgart: Kohlhammer.

Schlee, Jörg (2019): Kollegiale Beratung und Supervision für pädagogische Berufe. Hilfe zur Selbsthilfe. Ein Arbeitsbuch (4., erweiterte Auflage). Stuttgart: Kohlhammer.

Schlegel, Kornelia (2023): Kollegiale Beratung online als entlastende Ressource in der Transkulturellen Traumapädagogik. In: Schindler, Wolfgang & Spangler, Gerhard (Hrsg.): Kollegiale Beratung. Online und offline im Heilsbronner Modell (3., vollständig überarbeitete Auflage) (S. 184–192). Göttingen: Vandenhoeck & Ruprecht.

Scholar, Stefan (2013): Neues Lernen durch Kollegiale Beratung – Selbstorganisation statt Fortbildungskonsum. In: Landes, Miriam & Steiner, Eberhard (Hrsg.): Psychologie der Wirtschaft (S. 481–504). Wiesbaden: Springer VS.

Scholer, Stephan (2023): Warum Kollegiale Beratung erfolgreich ist und wie sie in Unternehmen etabliert werden kann. In: Schindler, Wolfgang & Spangler, Gerhard (Hrsg.): Kollegiale Beratung. Online und offline im Heilsbronner Modell (3. vollständig überarbeitete Auflage) (S. 94–112). Göttingen: Vandenhoeck & Ruprecht.

Schreyögg, Astrid (2015): Coaching und/oder Supervision. Zum Verhältnis der beiden Formate. In: Schreyögg, Astrid & Schmidt-Lellek, Christoph (Hrsg.): Die Professionalisierung von Coaching. Ein Lesebuch für den Coach (S. 105–118). Wiesbaden: Springer VS.

Siller, Gertrud (2022): Supervision – eine grundlegende Einführung. Stuttgart: Kohlhammer.

Spangler, Gerhard (2012): Kollegiale Beratung: Heilsbronner Modell zur kollegialen Beratung (2., erweiterte Auflage). Nürnberg: mabase.

Stäblein, Ruthard (2015): Michel Foucault – Das Christentum als Religion der Beichte. Unter: https://www.deutschlandfunk.de/michel-foucault-das-christentum-als-religion-der-beichte-100.html, Zugriff am 25.06.2023.

Staub-Bernasconi, Silvia (2019): Menschenwürde – Menschenrechte – Soziale Arbeit. Die Menschenrechte vom Kopf auf die Füße stellen. Opladen/Berlin/Toronto: Budrich.

Steffan, Werner (2013). Intervision. In: Kreft, Dieter & Mielenz, Ingrid (Hrsg.): Wörterbuch Soziale Arbeit (7. Auflage) (S. 481–504). Wiesbaden: Springer.

Stenzel, Heidrun (2019): Louis Lowy – erlebte Geschichte(n) als Entwicklungsimpuls der Supervision in Deutschland. In: FoRuM Supervision. Onlinezeitschrift für Beratungswissenschaft und Supervision 27 (52) (S.17–32). Weinheim: Beltz.

Tenhaken, Wolfgang (2015): Kollegiale Beratung als zentrale Methode teambasierter Gefährdungseinschätzung. In: Schone, Reinhold & Tenhaken, Wolfgang (Hrsg.): Kinderschutz in Einrichtungen und Diensten der Jugendhilfe. Ein Lehr- und Praxisbuch zum Umgang mit Fragen der Kindeswohlgefährdung (2., überarbeitete und erweiterte Auflage) (S. 133–144). Weinheim/Basel: Beltz Juventa.

Thiel, Heinz-Ulrich (1994): Professionelle und kollegiale Supervision – Begründung und Praxis ihrer Kombination. In: Pühl, Harald (Hrsg.): Handbuch der Supervision 2 (S. 199–211). Spiess: Ed. Marhold im Wiss.-Verl.

Tietze, Kim-Oliver (2010): Wirkprozesse und personenbezogene Wirkungen von kollegialer Beratung. Theoretische Entwürfe und empirische Forschung. Wiesbaden: Springer VS.

Tietze, Kim-Oliver (2018): Kollegiale Beratung. Problemlösungen gemeinsam entwickeln (9. Auflage). Reinbek bei Hamburg: Rowohlt.

Tietze, Kim-Oliver (2019): Kollegiale Beratung – einfach aus der Ferne, komplex aus der Nähe. In: OSC Organisationsberatung Supervision Coaching 26 (4), S. 439–454.

Völschow, Yvette (2012): ›Kollegiales Coaching‹ in der Führungskräfteentwicklung des Landesdienstes. In: Gruppendynamik & Organisationsberatung: Zeitschrift für die Entwicklung von Gruppen, Personen und Organisationen (43) 1, S. 5–23.

Völschow, Yvette (2016): Kollegiales Coaching bei Justiz und Polizei. Konzeption und Erfahrungen aus einem Pilotprojekt. In: Wegener, Robert, Loebbert, Michael & Fritze, Agnès (Hrsg.): Zur Differenzierung von Handlungsfeldern im Coaching. Die Etablierung neuer Praxisfelder (S. 343–353). Wiesbaden: Springer VS.

Wagenaar, Sylvia (2015): Eine explorative Studie über Intervisionsgruppen niedergelassener Psychotherapeut/innen. In: OSC Organisationsberatung Supervision Coaching 22 (4), S. 409–423.

Walpuski, Volker Jörn (2020): Digitalisierte Beratung zur effizienteren Selbstoptimierung. Kritische Anmerkungen zu digitalen Formen arbeitsbezogener Beratung aus einer Gouvernementalitätsperspektive. In: Wegener, Robert, Ackermann, Silvano, Amstutz, Jeremias, Deplazes, Silvia, Künzli, Hansjörg & Ryter, Annamarie (Hrsg.): Coaching im Digitalen Wandel. Göttingen: Vandenhoeck & Ruprecht, S. 107–116.

Werling, Ursula H. (2018): Supervision und Kollegiale Fachberatung. In: Böllert, Karin (Hrsg.): Kompendium Kinder- und Jugendhilfe (S. 633–654). Wiesbaden: Springer VS.

Westphal, Silke (2016): Gemeinsam lernen ohne Lehrplan – Kollegiale Beratung als Maßnahme der beruflichen Bildung. Eine empirische Studie zur Akzeptanz von präsenzbasierten und computervermittelten Beratungsszenarien. Hagen: deposit_hagen Publikationsserver der Universitätsbibliothek der Fern-Universität Hagen. Unter: http://nbn-resolving.de/urn:nbn:de:hbz:708-dh4232, Zugriff am 07.12.2021.

Westphal, Silke (2017): Kollegiale Beratung im Internet – Erfahrungen aus einem Praxistest. In: e- beratungsjournal.net. Fachzeitschrift für Onlineberatung und computervermittelte Kommunikation 13 (2), S. 98–116.

Zimmer, Inge (1996): Soziale Konflikte in Gruppen- und Teamsupervision. In: FoRuM Supervision. Onlinezeitschrift für Beratungswissenschaft und Supervision (4) 8, S. 23–35.